Betrachte das Bild auf Seite 2.

1 Wie viele sind es?

|||

3

Mach eine Strichliste und schreibe die Zahl.

2 Welche Aussagen stimmen? Kreuze an.

Es sind 3 Blumen.  ☒

Es sind 4 Katzen. ☐

Es sind 2 Kinder. ☐

Es ist 1 Hahn. ☐

Es ist 1 Hund.  ☐

Es sind 5 Büsche. ☐

☺ ☐ ☹ 3

Erst sind es 3.
Dann kommt 1 dazu.
Zum Schluss sind es 4.
3 **plus** 1 **ist gleich** 4.

3   + 1   = 4

1

+   Wir kommen dazu.   =

2

+   =

4 ☺ ☺ ☹

Hinweise für Lehrkräfte und Eltern

Mit diesem lehrwerksunabhängigen Übungsheft können die Kinder individuell das Lösen von Sachaufgaben trainieren. Der Schwierigkeitsgrad der Aufgaben folgt dabei dem Prinzip „Vom Leichten zum Schweren". Es ist daher empfehlenswert, die Aufgaben in der vorgegebenen Reihenfolge zu bearbeiten.

Inhaltlich orientieren sich die Aufgaben an den Lehrplänen der Bundesländer, sie sind jedoch bewusst nicht thematisch in einzelne Größenbereiche oder nach unterschiedlichen Rechenverfahren gegliedert. Vielmehr sollen sich die Kinder bei jeder Aufgabe neu in die Situation hineindenken und entscheiden, welches Rechenverfahren und welche Strategie zur Lösung führt. Dies schult den flexiblen Umgang mit Sachsituationen und fördert die Kompetenz des Modellierens.

Wer dennoch gezielt Übungen zu speziellen Größenbereichen oder Rechenverfahren sucht, findet im Internet unter www.cornelsen.de/nasevorn eine entsprechende Übersicht zum kostenlosen Download. Hier sind den verschiedenen Kompetenzen die passenden Aufgaben zugewiesen.

Hilfreiche Tipps zum Lösen von Sachaufgaben

Lies dir jede Textaufgabe genau durch, so oft, bis du alles verstanden hast.

Wie heißt die Frage?

Stelle dir die Aufgaben bildlich vor oder male eine Skizze.

Achte auf Schlüsselwörter!

Benutze in der Antwort möglichst die Wörter, die schon in der Frage stehen.

Alle wichtigen Größen und Begriffe kannst du auf Seite 64 nachschlagen.

1

Auf dem Bauernhof

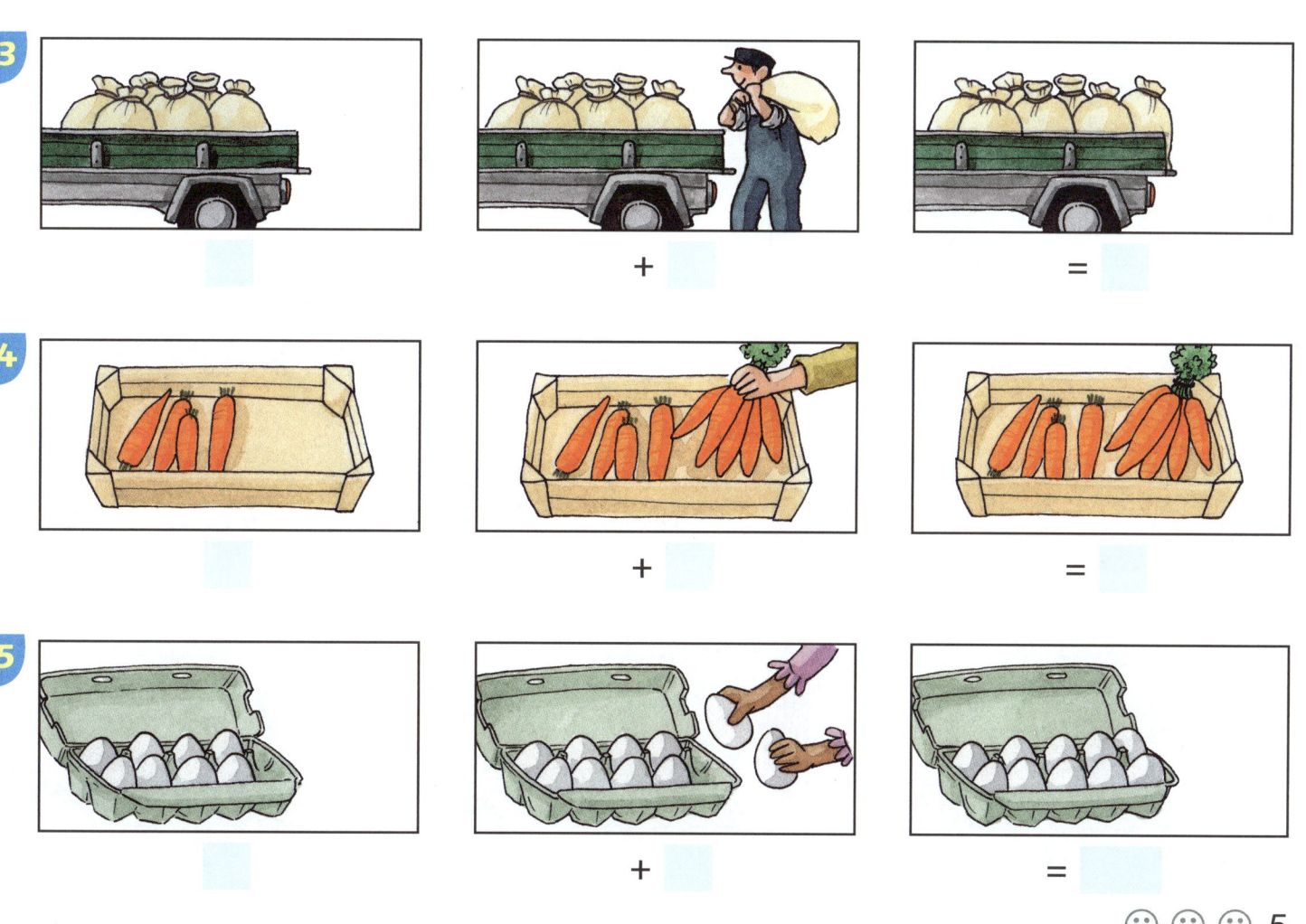

Minusgeschichten
Es werden weniger.

Erst sind es 5.
Dann fliegen 2 weg.
Zum Schluss sind es 3.
5 *minus* 2 *ist gleich* 3.

5 — 2 = 3

1

— =

2

— =

3

 —  =

4

 —  =

5

 —  =

Mehr oder weniger? Schreibe die passende Aufgabe dazu.

1

3   +   =

2

=

3

=

=

=

=

  9

1 Welche Aufgabe passt jeweils zu den Bildern? Kreuze an.

| 2 + 2 = 4 | ☒ |
| 3 − 1 = 2 | ☐ |

| 7 − 3 = 4 | ☐ |
| 5 + 3 = 8 | ☐ |

| 8 − 6 = 2 | ☐ |
| 2 + 5 = 7 | ☐ |

| 2 + 3 = 5 | ☐ |
| 6 − 3 = 3 | ☐ |

| 5 − 1 = 4 | ☐ |
| 5 + 1 = 6 | ☐ |

| 6 + 2 = 8 | ☐ |
| 9 − 3 = 6 | ☐ |

☺ ☐ ☹

1 Schreibe zu den Bildern jeweils eine passende Aufgabe.

☺ ☺ ☹ 11

1 Annas Mutter hat 5 Birnen.
Anna nimmt sich welche.
Für Annas Bruder
bleiben 2 Birnen übrig.
F: Wie viele Birnen hat
Anna genommen?

Eine Skizze kann dir helfen.

R:

| 5 | – | | = | 2 | |

A: Anna hat ___ Birnen
genommen.

2 Auf dem Tisch stehen schon
6 Gläser. Zu Alis Geburtstag
kommen 9 Gäste.
F: Wie viele Gläser
muss Ali noch
dazustellen?

R:

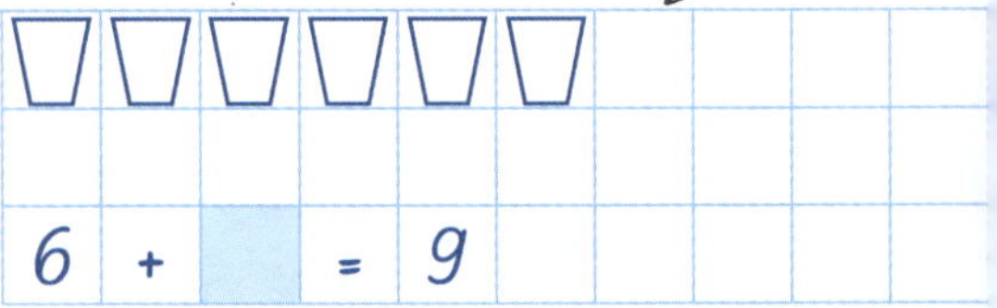

| 6 | + | | = | 9 | |

A: Ali muss noch ___ Gläser
dazustellen.

3 Lea hat 7 Bonbons. 3 davon schenkt sie ihrer Freundin.
F: Wie viele Bonbons hat Lea dann noch übrig?

R:

Male weiter und schreibe die Rechnung dazu.

A: Lea hat dann noch ___ Bonbons übrig.

12 ☺ 😐 ☹

1 Tim kauft ein Brot für 3 €. Er bezahlt mit einem 5-€-Schein.
F: Wie viel Euro bekommt Tim zurück?

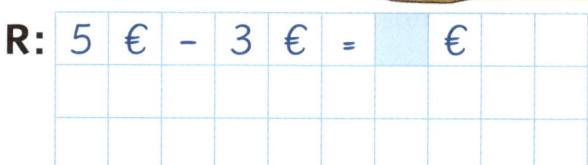

R:

5 €	– 3 €	=		€	

A: Tim bekommt ___ Euro zurück.

2 Max öffnet sein Sparschwein. Er bekommt noch 2 € geschenkt. Jetzt hat er 10 €.
F: Wie viel Euro waren im Sparschwein?

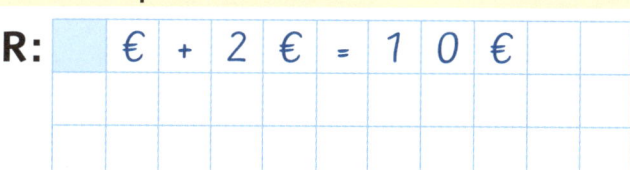

R:

	€	+ 2 €	= 1	0 €	

A: Im Sparschwein waren ___ Euro.

3 Elsa hat 5 €. Sie will sich den Ball kaufen.
F: Wie viel Euro braucht sie noch?

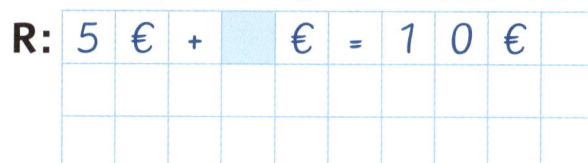

10 €

R:

5 €	+		€	= 1	0 €	

A: Sie braucht noch ___ Euro.

4 Nick hat 4 Luftballons aufgeblasen. Er braucht 8.
F: Wie viele Luftballons muss er noch aufblasen?

R:

A: Er muss noch ___ Luftballons aufblasen.

1 Akim hat 10 Kastanien.
Aus einigen bastelt er Igel.
Jetzt hat er noch 5 Kastanien.
F: Wie viele Kastanien hat Akim
für die Igel gebraucht?

R: | 1 | 0 | – | | = | 5 | |
| | | | | | | |

A: Akim hat ___ Kastanien für
die Igel gebraucht.

2 Auf Svens Geburtstagstorte sind
10 Kerzen. 9 Kerzen hat seine
Mutter schon angezündet.
F: Wie viele Kerzen muss
Svens Mutter noch anzünden?

R:

A: Svens Mutter muss noch
___ Kerze anzünden.

3 Maria und Milan sind
zusammen 10 Jahre alt.
Maria ist 6 Jahre alt.
F: Wie alt ist Milan?

R:

A: Milan ist ___ Jahre alt.

4 Sophie bekommt von ihrem
Onkel 2 € geschenkt.
10 € hat sie schon gespart.
F: Wie viel Euro hat sie jetzt?

R:

A: Sie hat jetzt ___ Euro.

1 Herr Walter kauft eine Packung Milch und eine **2 €** Schachtel Eier. Er bezahlt mit einem 10-€-Schein. **3 €**

a) **F:** Wie viel Euro kostet es zusammen?

R:

A: Es kostet zusammen ____ Euro.

b) **F:** Wie viel Euro bekommt Herr Walter zurück?

R: 1 0 € – | | € | = | | €

A: Herr Walter bekommt ____ Euro zurück.

2 Klara bekommt 5 Puppenkleider geschenkt. Jetzt hat sie 15.
F: Wie viele Puppenkleider hatte Klara vorher?

R:

A: Klara hatte vorher _____ Puppenkleider.

3 Im Bus sitzen 10 Kinder. Es steigen noch weitere Kinder ein. Dann sind es 18.
F: Wie viele Kinder sind dazugekommen?

R: 1 0 + | | = 1 8

A: Es sind ____ Kinder dazugekommen.

☺ 😐 ☹ 15

1 Am Himmel fliegen 11 Vögel. 4 Vögel fliegen noch dazu.
F: Wie viele Vögel sind es jetzt?

Achte auf Schlüsselwörter. *Dazu* bedeutet: Ich rechne plus.

R:

A: Es sind jetzt _____ Vögel.

2 Bauer Grün hat 16 Eier. 6 Eier davon verpackt er in einem Eierkarton.
F: Wie viele Eier hat er dann noch übrig?

R:

A: Er hat noch _____ Eier übrig.

3 In Frau Blums Garten blühen 12 rote Rosen. Sie pflückt 2 Rosen.
F: Wie viele Rosen sind dann noch im Garten übrig?

R:

A: Es sind dann noch _____ Rosen im Garten übrig.

4 An der Eisdiele warten 14 Kinder in der Schlange. 3 Kinder kommen noch dazu.
F: Wie viele Kinder stehen jetzt in der Schlange?

R:

A: Es stehen jetzt _____ Kinder in der Schlange.

☺ ☺ ☹

1 Bauer Wilhelm hat 17 Hühner.
5 Hühner sind im Stall, der
Rest ist auf der Wiese.
F: Wie viele Hühner
sind auf der Wiese?

R:

A: Es sind _____ Hühner auf der
Wiese.

2 Veronika hat schon
15 € gespart.
Sie möchte sich
ein Mäppchen kaufen,
das 19 € kostet.

19 €

F: Wie viel Euro fehlen ihr noch?

R: $1\ 5\ €\ +\ \qquad €\ =\ 1\ 9\ €$

A: Ihr fehlen noch _____ Euro.

3 Milla hat Federn gesammelt. 3 Federn schenkt sie
ihrem Freund David. Jetzt hat sie noch 15 Federn.
F: Wie viele Federn hatte Milla am Anfang?

Ein Pfeilbild hilft:
⊖ wird rückwärts
zu ⊕ .

R:

$-\ 3$

$1\ 5$

$+\ 3$

A: Am Anfang hatte Milla _____ Federn.

Auf dem Flohmarkt

Je steht kurz für jeweils.

je 7 €

je 2 €

6 €

je 5 €

je 4 €

je 3 €

10 €

9 €

1 Jonas kauft ein 🛹 und einen 🦕.
F: Wie viel Euro muss Jonas bezahlen?

R:

A: Jonas muss _____ Euro bezahlen.

2 Sina kauft zwei 👧.
F: Wie viel Euro muss Sina bezahlen?

R:

A: Sina muss _____ Euro bezahlen.

3 Kim kauft ein 🚗 und ein 🧩.
F: Wie viel Euro muss Kim bezahlen?

R:

A: Kim muss _____ Euro bezahlen.

🙂 😐 🙁

4 Finn hat 15 €. Er kauft ein 📖 und einen 🏓.

a) **F:** Wie viel muss Finn bezahlen?   b) **F:** Wie viel hat Finn noch übrig?

R: [   ]   **R:** [   ]

A: Finn muss ____ Euro bezahlen.   **A:** Finn hat noch ____ Euro übrig.

5 Enna hat 14 €. Sie kauft ein 🚗 und einen 🧸.

a) **F:** Wie viel muss Enna bezahlen?   b) **F:** Wie viel hat Enna noch übrig?

R: [   ]   **R:** [   ]

A: Enna muss ____ Euro bezahlen.   **A:** Enna hat noch ____ Euro übrig.

6 Sami hat 20 €. Er kauft zwei 🏀⚽ und einen 🦕.

a) **F:** Wie viel muss Sami bezahlen?

R: [   ]

A: Sami muss ____ Euro bezahlen.

b) **F:** Wie viel hat Sami noch übrig?

R: [   ]

A: Sami hat noch ____ Euro übrig.

☺ ☺ ☹ 19

1 Im Schulbus sitzen schon 7 Kinder. An der Haltestelle steigen noch 4 Kinder ein.
F: Wie viele Kinder sind dann im Bus?

Eine Skizze kann dir helfen.

R:

A: Es sind dann _____ Kinder im Bus.

2 Im Bücherregal sind 9 Bücher. Ben stellt noch 4 Bücher dazu.
F: Wie viele Bücher stehen dann im Regal?

R:

A: Es stehen dann _____ Bücher im Regal.

3 Pia muss 12 Teller spülen. 7 Teller hat sie schon gespült.
F: Wie viele Teller muss sie noch spülen?

R:

A: Sie muss noch _____ Teller spülen.

1 Frau Lopez geht mit ihrem Kind in den Streichelzoo.

Streichelzoo
Erwachsene 8 €
Kinder 4 €

F: Wie viel Euro muss sie insgesamt bezahlen?

R:

A: Sie muss insgesamt _____ Euro bezahlen.

2 David trifft beim Ringewerfen in der 1. Runde 7-mal, in der 2. Runde 6-mal.

F: Wie oft hat David insgesamt getroffen?

R:

A: David hat insgesamt _____-mal getroffen.

3 Bauer Gerst hat 18 Milchkühe, die er melken muss. 9 Kühe hat er schon gemolken.

F: Wie viele Kühe muss er noch melken?

R:

A: Er muss noch _____ Kühe melken.

☺ ☺ ☹ 21

1 Heute ist Dienstag.
Liam freut sich.
Am Freitag hat
er wieder Fußballtraining.
F: Wie oft muss er bis
Freitag noch schlafen?

R: Di → Mi →

A: Bis Freitag muss er noch
____-mal schlafen.

2 Ezra hat am 6. Mai Geburtstag.
Heute ist der 1. Mai (1.5.).
F: Wie oft muss sie bis zu
ihrem Geburtstag noch schlafen?

R: 1. 5. → 2. 5. →

A: Sie muss noch ____-mal schlafen.

3 Heute ist Montag. Vorgestern war Paul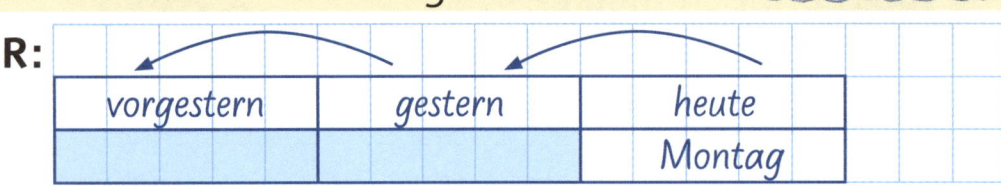
mit seinen Freunden im Freibad.
F: Welcher Wochentag war das?

R:

vorgestern	gestern	heute	
		Montag	

A: Vorgestern war _____.

Eine Tabelle hilft mir.

1

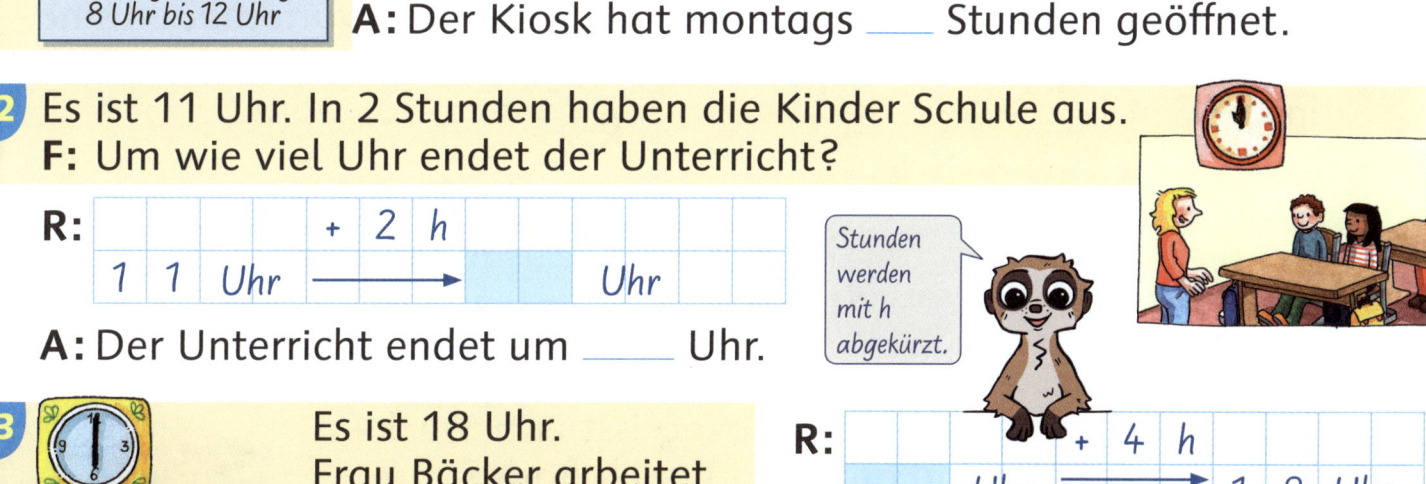

Öffnungszeiten
Montag bis Freitag
8 Uhr bis 12 Uhr

F: Wie viele Stunden hat der Kiosk montags geöffnet?

R:

		+	Stunden				
8 Uhr		⟶	1 2 Uhr				

A: Der Kiosk hat montags ___ Stunden geöffnet.

2 Es ist 11 Uhr. In 2 Stunden haben die Kinder Schule aus.
F: Um wie viel Uhr endet der Unterricht?

R:

		+ 2 h			
1 1 Uhr		⟶		Uhr	

A: Der Unterricht endet um ___ Uhr.

Stunden werden mit h abgekürzt.

3 Es ist 18 Uhr. Frau Bäcker arbeitet schon seit 4 Stunden.
F: Wann hat sie angefangen zu arbeiten?

R:

		+ 4 h		
Uhr	⟶		1 8 Uhr	
	⟵	− 4 h		

A: Sie hat um ___ Uhr angefangen zu arbeiten.

☺ 😐 ☹ 23

1 Greta zählt Treppenstufen.
Am Eingang sind es
3 Stufen. Bis zum
1. Stock sind es
7 Stufen. Bis zum 2. Stock sind
es wieder 7 Stufen.
F: Wie viele Stufen sind es
insgesamt?

R:

A: Es sind insgesamt _____ Stufen.

2 Fatih würfelt 3-mal.
Beim 1. Wurf hat er
eine 6. Beim 2. Wurf
hat er eine 4. Beim
3. Wurf hat er eine 5.
F: Wie viele Würfelaugen sind
es zusammen?

R:

A: Zusammen sind es
_____ Würfelaugen.

3 Nino teilt sich seine Tafel Schokolade ein. Insgesamt sind es 20 Stücke.
Am 1. Tag isst er 3 Stücke. Am 2. Tag isst er 5 Stücke.
F: Wie viele Stücke sind am 3. Tag noch übrig?

R: $3 + 5 + \boxed{} = 20$ oder: $20 - 3 - 5 = \boxed{}$

A: Am 3. Tag sind noch _____ Stücke übrig.

24 ☺ 😐 ☹

Auf dem Bauernhof

2 ☺ ☺ ☹

Betrachte das Bild auf Seite 2.

1 Wie viele sind es?

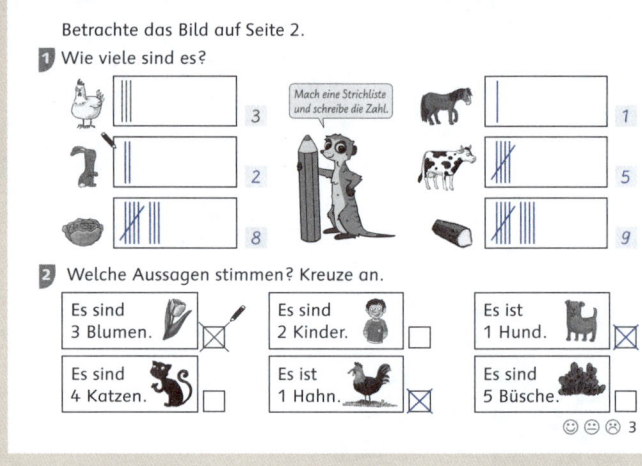

🐔 | | | | *3*   🐴 | *1*

🦨 | | *2*   🐄 ~~|||| ||~~ *5*

🪺 ~~||||~~ ||| *8*   🪵 ~~||||~~ |||| *9*

Mach eine Strichliste und schreibe die Zahl.

2 Welche Aussagen stimmen? Kreuze an.

Es sind 3 Blumen. ☒

Es sind 2 Kinder. ☐

Es ist 1 Hund. ☒

Es sind 4 Katzen. ☐

Es ist 1 Hahn. ☒

Es sind 5 Büsche. ☐

☺ ☺ ☹ 3

Plusgeschichten
Es werden mehr.

Erst sind es 3.
Dann kommt 1 dazu.
Zum Schluss sind es 4.
3 plus 1 ist gleich 4.

3   *+ 1*   *= 4*

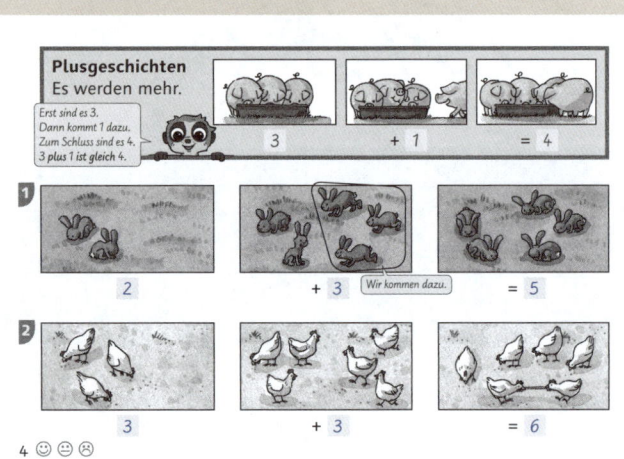

1   *2*   *+ 3*   Wir kommen dazu.   *= 5*

2   *3*   *+ 3*   *= 6*

4 ☺ ☺ ☹

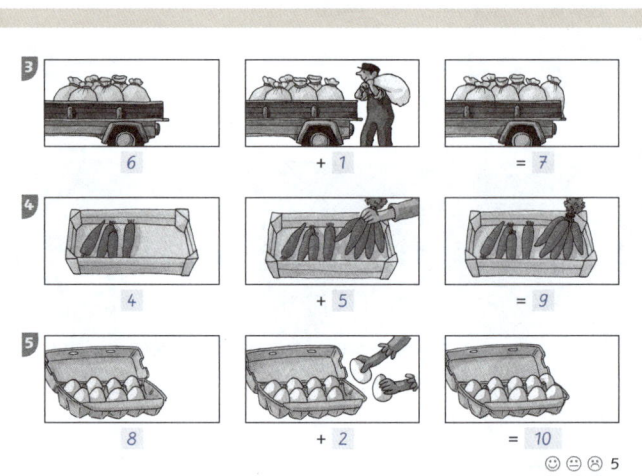

3   *6*   *+ 1*   *= 7*

4   *4*   *+ 5*   *= 9*

5   *8*   *+ 2*   *= 10*

☺ ☺ ☹ 5

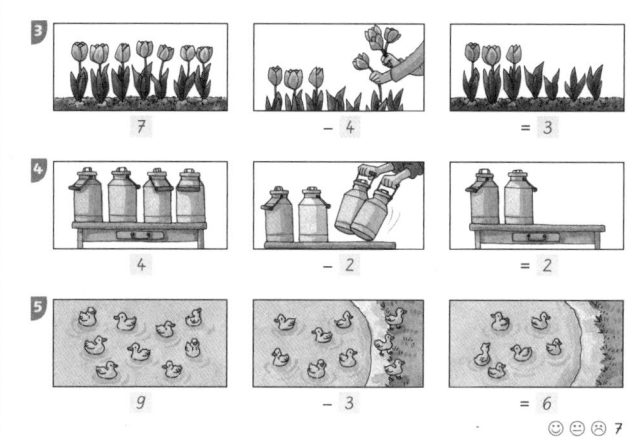

Mehr oder weniger? Schreibe die passende Aufgabe dazu.

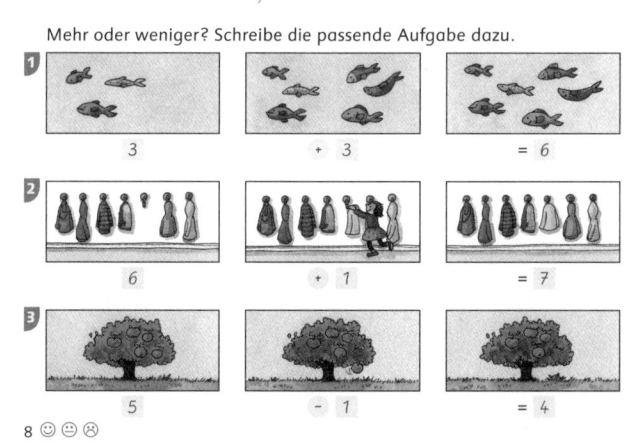

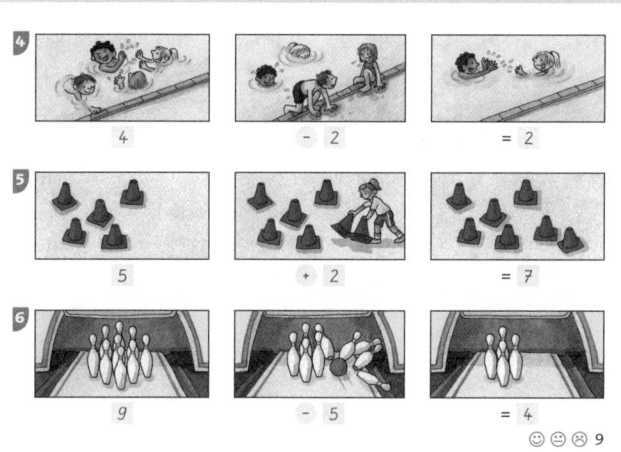

27

Lösungen

1 Welche Aufgabe passt jeweils zu den Bildern? Kreuze an.

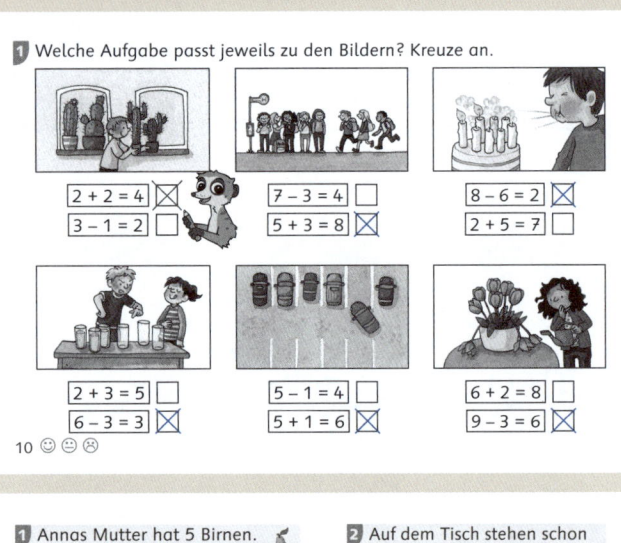

2 + 2 = 4 [X] | 7 - 3 = 4 [ ] | 8 - 6 = 2 [X]
3 - 1 = 2 [ ] | 5 + 3 = 8 [X] | 2 + 5 = 7 [ ]

2 + 3 = 5 [ ] | 5 - 1 = 4 [X] | 6 + 2 = 8 [ ]
6 - 3 = 3 [X] | 5 + 1 = 6 [ ] | 9 - 3 = 6 [X]

10 ☺ ☺ ☹

1 Schreibe zu den Bildern jeweils eine passende Aufgabe.

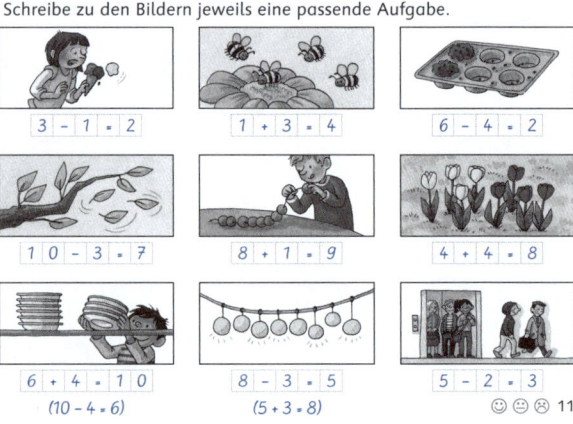

$3 - 1 = 2$ | $1 + 3 = 4$ | $6 - 4 = 2$

$10 - 3 = 7$ | $8 + 1 = 9$ | $4 + 4 = 8$

$6 + 4 = 10$ | $8 - 3 = 5$ | $5 - 2 = 3$

$(10 - 4 = 6)$ | $(5 + 3 = 8)$ | ☺ ☺ ☹ 11

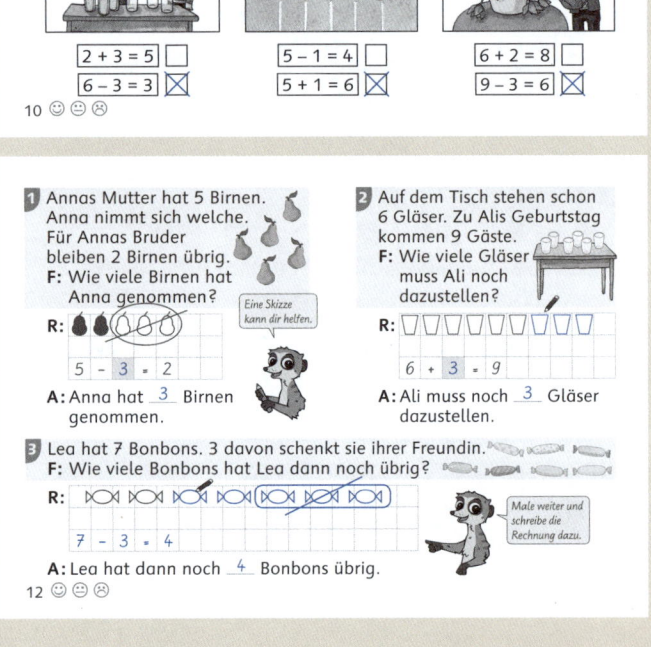

1 Annas Mutter hat 5 Birnen. Anna nimmt sich welche. Für Annas Bruder bleiben 2 Birnen übrig. **F:** Wie viele Birnen hat Anna genommen?

Eine Skizze kann dir helfen.

R: $5 - 3 = 2$

A: Anna hat __3__ Birnen genommen.

2 Auf dem Tisch stehen schon 6 Gläser. Zu Alis Geburtstag kommen 9 Gäste. **F:** Wie viele Gläser muss Ali noch dazustellen?

R: $6 + 3 = 9$

A: Ali muss noch __3__ Gläser dazustellen.

3 Lea hat 7 Bonbons. 3 davon schenkt sie ihrer Freundin. **F:** Wie viele Bonbons hat Lea dann noch übrig?

Male weiter und schreibe die Rechnung dazu.

R: $7 - 3 = 4$

A: Lea hat dann noch __4__ Bonbons übrig.

12 ☺ ☺ ☹

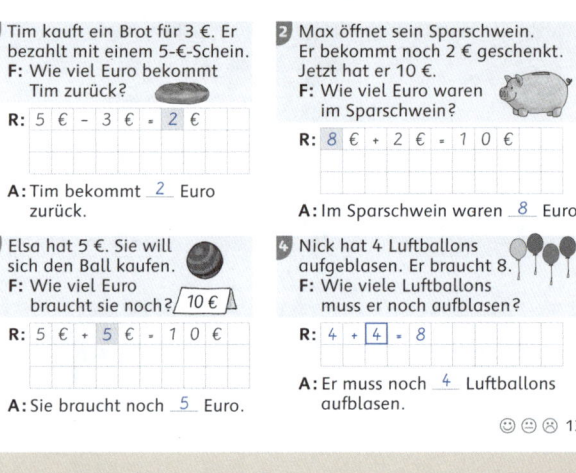

1 Tim kauft ein Brot für 3 €. Er bezahlt mit einem 5-€-Schein. **F:** Wie viel Euro bekommt Tim zurück?

R: $5 € - 3 € = 2 €$

A: Tim bekommt __2__ Euro zurück.

2 Max öffnet sein Sparschwein. Er bekommt noch 2 € geschenkt. Jetzt hat er 10 €. **F:** Wie viel Euro waren im Sparschwein?

R: $8 € + 2 € = 10 €$

A: Im Sparschwein waren __8__ Euro.

3 Elsa hat 5 €. Sie will sich den Ball kaufen. **F:** Wie viel Euro braucht sie noch? *10 €*

R: $5 € + 5 € = 10 €$

A: Sie braucht noch __5__ Euro.

4 Nick hat 4 Luftballons aufgeblasen. Er braucht 8. **F:** Wie viele Luftballons muss er noch aufblasen?

R: $4 + 4 = 8$

A: Er muss noch __4__ Luftballons aufblasen.

☺ ☺ ☹ 13

Lösungen

1 Akim hat 10 Kastanien.  Aus einigen bastelt er Igel. Jetzt hat er noch 5 Kastanien.
F: Wie viele Kastanien hat Akim für die Igel gebraucht?

R: $1\,0 - \boxed{5} = 5$

A: Akim hat __5__ Kastanien für die Igel gebraucht.

2 Auf Svens Geburtstagstorte sind 10 Kerzen. 9 Kerzen hat seine Mutter schon angezündet.
F: Wie viele Kerzen muss Svens Mutter noch anzünden?

R: $9 + \boxed{1} = 1\,0$

A: Svens Mutter muss noch __1__ Kerze anzünden.

3 Maria und Milan sind zusammen 10 Jahre alt. Maria ist 6 Jahre alt.
F: Wie alt ist Milan?

R: $6 + \boxed{4} = 1\,0$ *oder:*
$1\,0 - 6 = 4$

A: Milan ist __4__ Jahre alt.

4 Sophie bekommt von ihrem Onkel 2 € geschenkt. 10 € hat sie schon gespart.
F: Wie viel Euro hat sie jetzt?

R: $1\,0\,€ + 2\,€ = 1\,2\,€$

A: Sie hat jetzt __12__ Euro.

14 ☺ ☹ ☹

---

1 Herr Walter kauft eine Packung Milch und eine Schachtel Eier. Er bezahlt mit einem 10-€-Schein.
a) **F:** Wie viel Euro kostet es zusammen?

R: $2\,€ + 3\,€ = 5\,€$

A: Es kostet zusammen __5__ Euro.

b) **F:** Wie viel Euro bekommt Herr Walter zurück?

R: $1\,0\,€ - 5\,€ = 5\,€$

A: Herr Walter bekommt __5__ Euro zurück.

2 Klara bekommt 5 Puppenkleider geschenkt. Jetzt hat sie 15.
F: Wie viele Puppenkleider hatte Klara vorher?

R: $\boxed{1\,0} + 5 = 1\,5$ *oder:*
$1\,5 - 5 = 1\,0$

A: Klara hatte vorher __10__ Puppenkleider.

3 Im Bus sitzen 10 Kinder. Es steigen noch weitere Kinder ein. Dann sind es 18.
F: Wie viele Kinder sind dazugekommen?

R: $1\,0 + \boxed{8} = 1\,8$

A: Es sind __8__ Kinder dazugekommen.

☺ ☹ ☹ 15

---

1 Am Himmel fliegen 11 Vögel. 4 Vögel fliegen noch dazu.
F: Wie viele Vögel sind es jetzt?

Achte auf Schlüsselwörter. Dazu bedeutet: Ich rechne plus.

R: $1\,1 + 4 = 1\,5$

A: Es sind jetzt __15__ Vögel.

2 Bauer Grün hat 16 Eier. 6 Eier davon verpackt er in einem Eierkarton.
F: Wie viele Eier hat er dann noch übrig?

R: $1\,6 - 6 = 1\,0$

A: Er hat noch __10__ Eier übrig.

3 In Frau Blums Garten blühen 12 rote Rosen. Sie pflückt 2 Rosen.
F: Wie viele Rosen sind dann noch im Garten übrig?

R: $1\,2 - 2 = 1\,0$

A: Es sind dann noch __10__ Rosen im Garten übrig.

4 An der Eisdiele warten 14 Kinder in der Schlange. 3 Kinder kommen noch dazu.
F: Wie viele Kinder stehen jetzt in der Schlange?

R: $1\,4 + 3 = 1\,7$

A: Es stehen jetzt __17__ Kinder in der Schlange.

16 ☺ ☹ ☹

---

1 Bauer Wilhelm hat 17 Hühner. 5 Hühner sind im Stall, der Rest ist auf der Wiese.
F: Wie viele Hühner sind auf der Wiese?

R: $1\,7 - 5 = 1\,2$

A: Es sind __12__ Hühner auf der Wiese.

2 Veronika hat schon 15 € gespart. Sie möchte sich ein Mäppchen kaufen, das 19 € kostet.
F: Wie viel Euro fehlen ihr noch?

R: $1\,5\,€ + \boxed{4}\,€ = 1\,9\,€$

A: Ihr fehlen noch __4__ Euro.

3 Milla hat Federn gesammelt. 3 Federn schenkt sie ihrem Freund David. Jetzt hat sie noch 15 Federn.
F: Wie viele Federn hatte Milla am Anfang?

Ein Pfeilbild hilft: ⊖ wird rückwärts zu ⊕.

R:
$$\boxed{1\,8} \xrightarrow{-\,3} 1\,5$$

A: Am Anfang hatte Milla __18__ Federn.

☺ ☹ ☹ 17

29

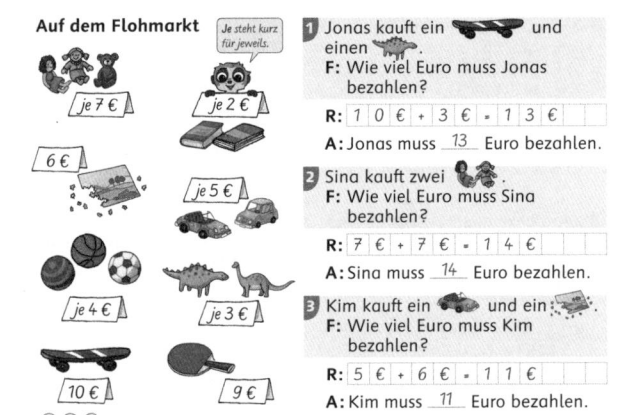

Auf dem Flohmarkt

Je steht kurz für jeweils.

je 7 €
je 2 €
6 €
je 5 €
je 4 €
je 3 €
10 €
9 €

1 Jonas kauft ein 🛹 und einen 🦕.
F: Wie viel Euro muss Jonas bezahlen?
R: `10 € + 3 € = 13 €`
A: Jonas muss __13__ Euro bezahlen.

2 Sina kauft zwei 🧸.
F: Wie viel Euro muss Sina bezahlen?
R: `7 € + 7 € = 14 €`
A: Sina muss __14__ Euro bezahlen.

3 Kim kauft ein 🚗 und ein 💶.
F: Wie viel Euro muss Kim bezahlen?
R: `5 € + 6 € = 11 €`
A: Kim muss __11__ Euro bezahlen.

18 ☺ 😐 ☹

4 Finn hat 15 €. Er kauft ein 📖 und einen 🏓.
a) F: Wie viel muss Finn bezahlen?
R: `2 € + 9 € = 11 €`
A: Finn muss __11__ Euro bezahlen.
b) F: Wie viel hat Finn noch übrig?
R: `15 € - 11 € = 4 €`
A: Finn hat noch __4__ Euro übrig.

5 Enna hat 14 €. Sie kauft ein 🚗 und einen 🧸.
a) F: Wie viel muss Enna bezahlen?
R: `5 € + 7 € = 12 €`
A: Enna muss __12__ Euro bezahlen.
b) F: Wie viel hat Enna noch übrig?
R: `14 € - 12 € = 2 €`
A: Enna hat noch __2__ Euro übrig.

6 Sami hat 20 €. Er kauft zwei ⚽ und einen 🦕.
a) F: Wie viel muss Sami bezahlen?
R: `4 € + 4 € + 3 € = 11 €`
A: Sami muss __11__ Euro bezahlen.
b) F: Wie viel hat Sami noch übrig?
R: `20 € - 11 € = 9 €`
A: Sami hat noch __9__ Euro übrig.

☺ 😐 ☹ 19

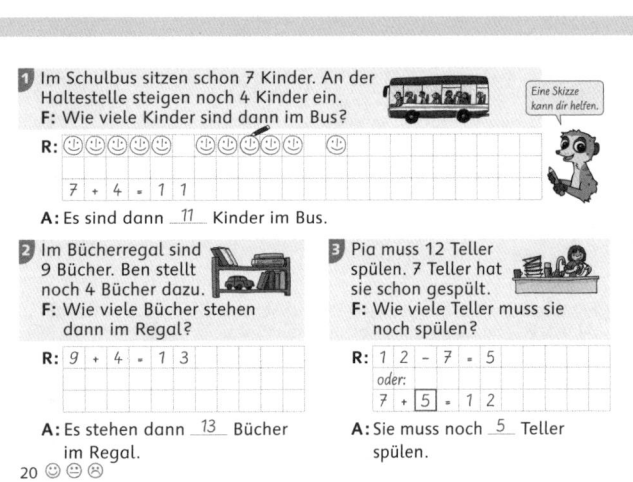

1 Im Schulbus sitzen schon 7 Kinder. An der Haltestelle steigen noch 4 Kinder ein.
F: Wie viele Kinder sind dann im Bus?

Eine Skizze kann dir helfen.

R: ☺☺☺☺☺ ☺☺☺☺ ☺
`7 + 4 = 11`
A: Es sind dann __11__ Kinder im Bus.

2 Im Bücherregal sind 9 Bücher. Ben stellt noch 4 Bücher dazu.
F: Wie viele Bücher stehen dann im Regal?
R: `9 + 4 = 13`
A: Es stehen dann __13__ Bücher im Regal.

3 Pia muss 12 Teller spülen. 7 Teller hat sie schon gespült.
F: Wie viele Teller muss sie noch spülen?
R: `12 - 7 = 5`
oder:
`7 + 5 = 12`
A: Sie muss noch __5__ Teller spülen.

20 ☺ 😐 ☹

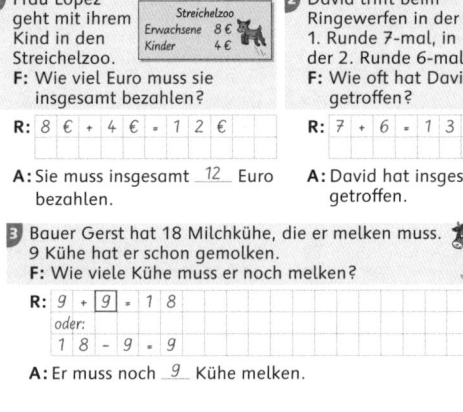

1 Frau Lopez geht mit ihrem Kind in den Streichelzoo.
F: Wie viel Euro muss sie insgesamt bezahlen?

Streichelzoo	
Erwachsene	8 €
Kinder	4 €

R: `8 € + 4 € = 12 €`
A: Sie muss insgesamt __12__ Euro bezahlen.

2 David trifft beim Ringewerfen in der 1. Runde 7-mal, in der 2. Runde 6-mal.
F: Wie oft hat David insgesamt getroffen?
R: `7 + 6 = 13`
A: David hat insgesamt __13__-mal getroffen.

3 Bauer Gerst hat 18 Milchkühe, die er melken muss. 9 Kühe hat er schon gemolken.
F: Wie viele Kühe muss er noch melken?
R: `9 + 9 = 18`
oder:
`18 - 9 = 9`
A: Er muss noch __9__ Kühe melken.

☺ 😐 ☹ 21

1 Heute ist Dienstag. Liam freut sich. Am Freitag hat er wieder Fußballtraining.
F: Wie oft muss er bis Freitag noch schlafen?
R: Di → Mi → Do → Fr
A: Bis Freitag muss er noch __3__ -mal schlafen.

2 Ezra hat am 6. Mai Geburtstag. Heute ist der 1. Mai (1.5.).
F: Wie oft muss sie bis zu ihrem Geburtstag noch schlafen?
R:
1. 5. → 2. 5. → 3. 5. → 4. 5. →
5. 5. → 6. 5.
A: Sie muss noch __5__ -mal schlafen.

3 Heute ist Montag. Vorgestern war Paul mit seinen Freunden im Freibad.
F: Welcher Wochentag war das?

Eine Tabelle hilft mir.

R:

vorgestern	gestern	heute
Samstag	Sonntag	Montag

A: Vorgestern war __Samstag__ .

22 ☺ ☺ ☹

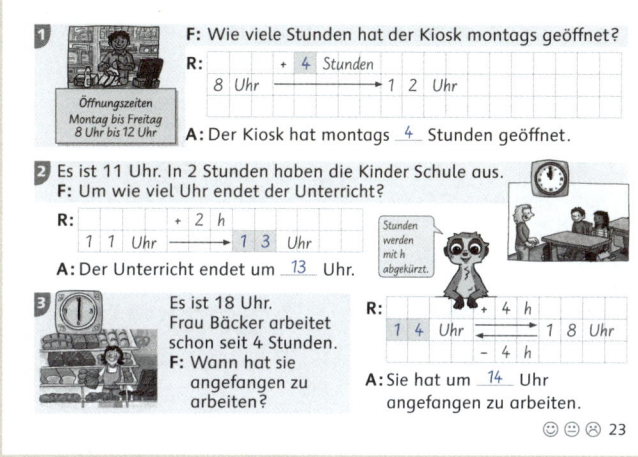

1 F: Wie viele Stunden hat der Kiosk montags geöffnet?

Öffnungszeiten
Montag bis Freitag
8 Uhr bis 12 Uhr

R: 8 Uhr $\xrightarrow{+\ 4\ Stunden}$ 1 2 Uhr
A: Der Kiosk hat montags __4__ Stunden geöffnet.

2 Es ist 11 Uhr. In 2 Stunden haben die Kinder Schule aus.
F: Um wie viel Uhr endet der Unterricht?
R: 1 1 Uhr $\xrightarrow{+\ 2\ h}$ 1 3 Uhr

Stunden werden mit h abgekürzt.

A: Der Unterricht endet um __13__ Uhr.

3 Es ist 18 Uhr. Frau Bäcker arbeitet schon seit 4 Stunden.
F: Wann hat sie angefangen zu arbeiten?
R: 1 4 Uhr $\overset{+\ 4\ h}{\underset{-\ 4\ h}{\longleftrightarrow}}$ 1 8 Uhr
A: Sie hat um __14__ Uhr angefangen zu arbeiten.

☺ ☺ ☹ 23

---

1 Greta zählt Treppenstufen. Am Eingang sind es 3 Stufen. Bis zum 1. Stock sind es 7 Stufen. Bis zum 2. Stock sind es wieder 7 Stufen.
F: Wie viele Stufen sind es insgesamt?
R: 3 + 7 + 7 = 17
A: Es sind insgesamt __17__ Stufen.

2 Fatih würfelt 3-mal. Beim 1. Wurf hat er eine 6. Beim 2. Wurf hat er eine 4. Beim 3. Wurf hat er eine 5.
F: Wie viele Würfelaugen sind es zusammen?
R: 6 + 4 + 5 = 15
A: Zusammen sind es __15__ Würfelaugen.

3 Nino teilt sich seine Tafel Schokolade ein. Insgesamt sind es 20 Stücke. Am 1. Tag isst er 3 Stücke. Am 2. Tag isst er 5 Stücke.
F: Wie viele Stücke sind am 3. Tag noch übrig?
R: 3 + 5 + 12 = 20 oder: 20 - 3 - 5 = 12
A: Am 3. Tag sind noch __12__ Stücke übrig.

24 ☺ ☺ ☹

1 Jana und Tom fahren mit der Achterbahn. Pro Person kostet eine Fahrt 7 €.
F: Wie viel Euro bezahlen sie insgesamt?

Pro Person bedeutet: Für jede Person muss man 7 € bezahlen.

R: 7 € + 7 € = 14 €
oder: 2 · 7 € = 14 €
A: Sie bezahlen insgesamt __14__ Euro.

3 Herr Weber kauft einen Kasten mit 16 Saftflaschen. Nach einer Woche ist die Hälfte der Flaschen leergetrunken.
F: Wie viele Flaschen sind schon leergetrunken?

Die Hälfte bedeutet: Du musst halbieren.

R: 16 : 2 = 8
oder: 16 = 8 + 8
A: Es sind schon __8__ Flaschen leergetrunken.

2 Es ist 12 Uhr. Vor 6 Stunden ist Frau Schulz aufgestanden.
F: Um wie viel Uhr ist Frau Schulz aufgestanden? Zeichne ein Pfeilbild wie auf S. 23.
R: 6 Uhr $\overset{+\ 6\ h}{\underset{-\ 6\ h}{\longleftrightarrow}}$ 1 2 Uhr
A: Frau Schulz ist um __6__ Uhr aufgestanden.

4 In 4 Stunden hat Resul Flötenunterricht. Jetzt ist es 11 Uhr.
F: Um wie viel Uhr hat Resul Flötenunterricht?
R: 1 1 Uhr $\xrightarrow{+\ 4\ h}$ 1 5 Uhr
A: Resul hat um __15__ Uhr Flötenunterricht.

☺ ☺ ☹ 41

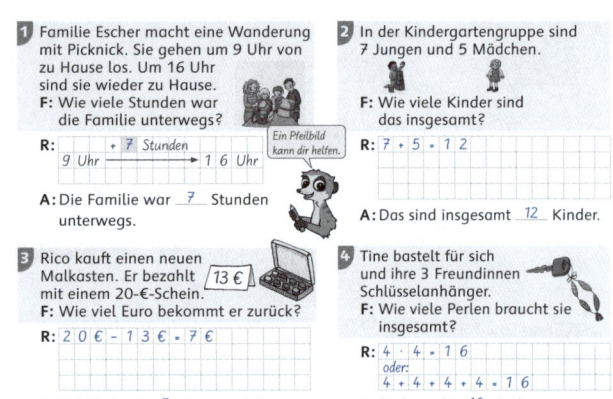

1 Familie Escher macht eine Wanderung mit Picknick. Sie gehen um 9 Uhr von zu Hause los. Um 16 Uhr sind sie wieder zu Hause.
F: Wie viele Stunden war die Familie unterwegs?

Ein Pfeilbild kann dir helfen.

R: 9 Uhr ──+ 7 Stunden──→ 1 6 Uhr

A: Die Familie war _7_ Stunden unterwegs.

2 In der Kindergartengruppe sind 7 Jungen und 5 Mädchen.
F: Wie viele Kinder sind das insgesamt?

R: 7 + 5 · 12

A: Das sind insgesamt _12_ Kinder.

3 Rico kauft einen neuen Malkasten. Er bezahlt mit einem 20-€-Schein. 13 €
F: Wie viel Euro bekommt er zurück?

R: 2 0 € - 1 3 € · 7 €

A: Er bekommt _7_ Euro zurück.

4 Tine bastelt für sich und ihre 3 Freundinnen Schlüsselanhänger.
F: Wie viele Perlen braucht sie insgesamt?

R: 4 · 4 · 16
oder:
4 + 4 + 4 + 4 · 16

A: Sie braucht _16_ Perlen.

42 ☺ ☹ ☹

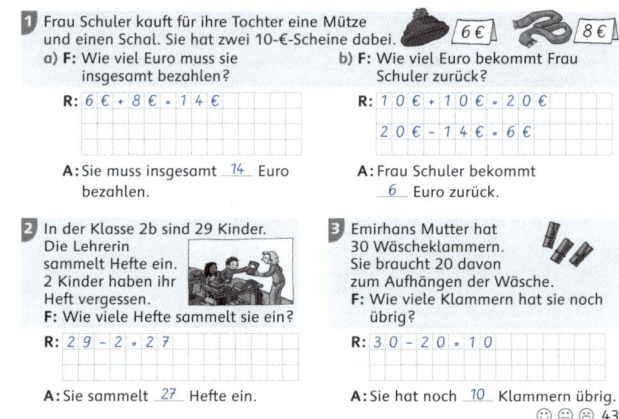

1 Frau Schuler kauft für ihre Tochter eine Mütze und einen Schal. Sie hat zwei 10-€-Scheine dabei. 6 € 8 €
a) F: Wie viel Euro muss sie insgesamt bezahlen?

R: 6 € + 8 € · 1 4 €

A: Sie muss insgesamt _14_ Euro bezahlen.

b) F: Wie viel Euro bekommt Frau Schuler zurück?

R: 1 0 € + 1 0 € · 2 0 €
2 0 € - 1 4 € · 6 €

A: Frau Schuler bekommt _6_ Euro zurück.

2 In der Klasse 2b sind 29 Kinder. Die Lehrerin sammelt Hefte ein. 2 Kinder haben ihr Heft vergessen.
F: Wie viele Hefte sammelt sie ein?

R: 2 9 - 2 · 27

A: Sie sammelt _27_ Hefte ein.

3 Emirhans Mutter hat 30 Wäscheklammern. Sie braucht 20 davon zum Aufhängen der Wäsche.
F: Wie viele Klammern hat sie noch übrig?

R: 3 0 - 2 0 · 1 0

A: Sie hat noch _10_ Klammern übrig.

☺ ☺ ☹ ☹ 43

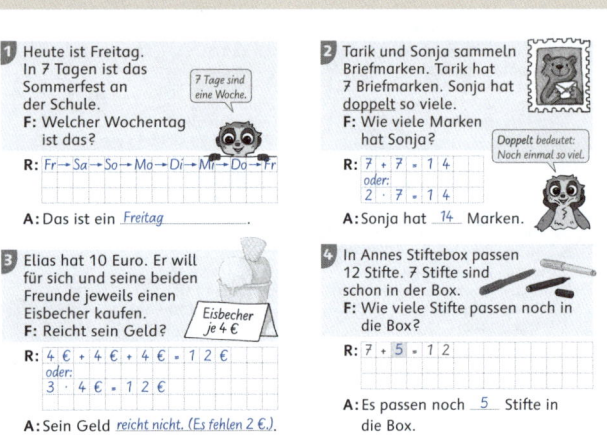

1 Heute ist Freitag. In 7 Tagen ist das Sommerfest an der Schule.
F: Welcher Wochentag ist das?

7 Tage sind eine Woche.

R: Fr→Sa→So→Mo→Di→Mi→Da→Fr

A: Das ist ein _Freitag_ .

2 Tarik und Sonja sammeln Briefmarken. Tarik hat 7 Briefmarken. Sonja hat doppelt so viele.
F: Wie viele Marken hat Sonja?

Doppelt bedeutet: Noch einmal so viel.

R: 7 + 7 · 1 4
oder:
2 · 7 · 14

A: Sonja hat _14_ Marken.

3 Elias hat 10 Euro. Er will für sich und seine beiden Freunde jeweils einen Eisbecher kaufen.
F: Reicht sein Geld?

Eisbecher je 4 €

R: 4 € + 4 € + 4 € · 1 2 €
oder:
3 · 4 € · 12 €

A: Sein Geld _reicht nicht. (Es fehlen 2 €.)_

4 In Annes Stiftebox passen 12 Stifte. 7 Stifte sind schon in der Box.
F: Wie viele Stifte passen noch in die Box?

R: 7 + 5 · 12

A: Es passen noch _5_ Stifte in die Box.

44 ☺ ☹ ☹

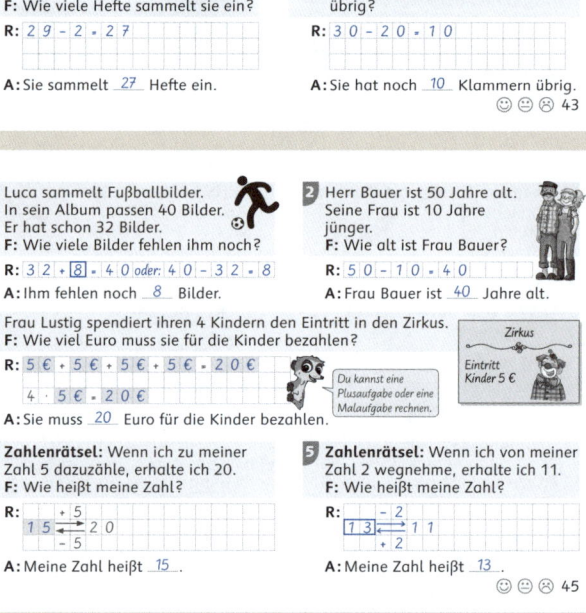

1 Luca sammelt Fußballbilder. In sein Album passen 40 Bilder. Er hat schon 32 Bilder.
F: Wie viele Bilder fehlen ihm noch?

R: 3 2 + 8 · 4 0 oder: 4 0 - 3 2 · 8

A: Ihm fehlen noch _8_ Bilder.

2 Herr Bauer ist 50 Jahre alt. Seine Frau ist 10 Jahre jünger.
F: Wie alt ist Frau Bauer?

R: 5 0 - 1 0 · 4 0

A: Frau Bauer ist _40_ Jahre alt.

3 Frau Lustig spendiert ihren 4 Kindern den Eintritt in den Zirkus.
F: Wie viel Euro muss sie für die Kinder bezahlen?

Zirkus Eintritt Kinder 5 €

R: 5 € + 5 € + 5 € + 5 € · 2 0 €
4 · 5 € · 2 0 €

Du kannst eine Plusaufgabe oder eine Malaufgabe rechnen.

A: Sie muss _20_ Euro für die Kinder bezahlen.

4 **Zahlenrätsel:** Wenn ich zu meiner Zahl 5 dazuzähle, erhalte ich 20.
F: Wie heißt meine Zahl?

R: 15 ──+ 5──→ 2 0
──- 5──

A: Meine Zahl heißt _15_ .

5 **Zahlenrätsel:** Wenn ich von meiner Zahl 2 wegnehme, erhalte ich 11.
F: Wie heißt meine Zahl?

R: 1 3 ──- 2──→ 1 1
──+ 2──

A: Meine Zahl heißt _13_ .

☺ ☺ ☹ ☹ 45

32

46

1 In einer Tüte sind 3 Äpfel.
a) Luisas Mutter kauft 3 Tüten.
F: Wie viele Äpfel sind das?
R: 3 + 3 + 3 = 9
oder:
3 · 3 = 9
(Wie rechnest du? Plus oder mal?)
A: Das sind 9 Äpfel.

b) Karims Mutter braucht 6 Äpfel.
F: Wie viele Tüten muss sie kaufen?
R: 2 · 3 = 6
oder:
6 : 3 = 2
A: Sie muss 2 Tüten kaufen.

c) Gabis Vater braucht für seine Kollegen 12 Äpfel.
F: Wie viele Tüten muss er kaufen?
R: 12 : 3 = 4 oder 4 · 3 = 12
A: Er muss 4 Tüten kaufen.

2 Kevins Mutter ist 35 Jahre alt, sein Vater ist 41 Jahre alt.
F: Wie groß ist der Altersunterschied?
R: 41 - 35 = 6
oder:
35 + 6 = 41
(Den Unterschied berechne ich mithilfe einer Minusaufgabe oder durch Ergänzen.)
A: Der Altersunterschied beträgt 6 Jahre.

3 Abdullah hat schon 16 Punkte beim Tischtennis erreicht, sein Freund Jens hat erst 12 Punkte. Mit 21 Punkten hat man das Spiel gewonnen.
F: Wie viele Punkten fehlen jedem noch?
R: Abdullah: 16 + 5 = 21
Jens: 12 + 9 = 21
A: Abdullah fehlen noch 5 Punkte, Jens fehlen noch 9 Punkte.

47

1 In einem Baum sitzen 24 Vögel. Zuerst kommen 8 Vögel dazu geflogen. Dann fliegen 10 Vögel davon.
F: Wie viele Vögel sitzen nun im Baum?
R: 24 + 8 = 32
32 - 10 = 22
(Benutze in der Antwort die Wörter, die schon in der Frage stehen.)
A: Im Baum sitzen nun 22 Vögel.

2 In der Klasse 2a sind 25 Kinder. Bisher haben erst 18 Kinder ihren Zeichenblock mit in die Schule gebracht.
F: Wie viele Blöcke fehlen noch?
R: 18 + 7 = 25
oder:
25 - 18 = 7
A: Es fehlen noch 7 Blöcke.

3 In einem Netz sind 5 Zitronen. Emres Mutter kauft 4 Netze.
F: Wie viele Zitronen sind das?
R: 4 · 5 = 20
oder:
5 + 5 + 5 + 5 = 20
A: Das sind 20 Zitronen.

4 Bianca hat 9 Stifte. Ihre Schwester Kerstin hat 13 Stifte mehr.
F: Wie viele Stifte hat Kerstin?
(Bei Plusaufgaben darfst du die beiden Zahlen vertauschen.)
R: 9 + 13 = 22
oder:
13 + 9 = 22
A: Kerstin hat 22 Stifte.

48

1 12 € 50 ct   2 € 50 ct
a) Nathalie kauft einen Füller und ein Lineal.
(Wie heißt jeweils die Frage?)
F: Wie viel Euro muss Nathalie insgesamt bezahlen?
R: 12 € 50 ct + 2 € 50 ct = 15 €
A: Nathalie muss insgesamt 15 € bezahlen.

b) Nathalie bezahlt mit einem 20-€-Schein.
F: Wie viel Euro bekommt Nathalie zurück?
R: 20 € - 15 € = 5 €
A: Nathalie bekommt 5 € zurück.

2 Simons Opa ist 77 Jahre alt, seine Oma ist 8 Jahre jünger.
F: Wie alt ist Simons Oma?
R: 77 - 8 = 69
A: Simons Oma ist 69 Jahre alt.

3 Mario hat 8 Münzen zu je 10 Cent.
F: Wie viel Cent fehlen ihm noch zu einem Euro?
R: 8 · 10 ct = 80 ct
1 € = 100 ct
80 ct + 20 ct = 100 ct
A: Ihm fehlen noch 20 ct zu einem Euro.

49

1 Flora nimmt 20 Knöpfe aus der Knopfschachtel. Nun sind nur noch 40 Knöpfe in der Schachtel.
F: Wie viele Knöpfe waren vorher in der Schachtel?
(Ein Pfeilbild hilft dir.)
R: 60 $\xrightarrow{-20}$ 40 $\xleftarrow{+20}$
A: Vorher waren 60 Knöpfe in der Schachtel.

2 Tuanas Vater hat 19 Schrauben in seinem Werkzeugkasten. Er nimmt welche heraus. Jetzt sind nur noch 11 Schrauben im Werkzeugkasten.
F: Wie viele Schrauben hat er aus dem Werkzeugkasten genommen?
R: 19 - 8 = 11
oder:
19 - 11 = 8
A: Er hat 8 Schrauben aus dem Werkzeugkasten genommen.

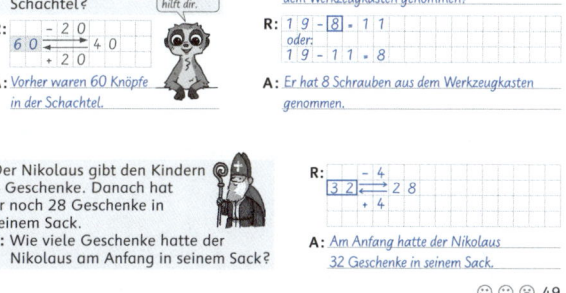

3 Der Nikolaus gibt den Kindern 4 Geschenke. Danach hat er noch 28 Geschenke in seinem Sack.
F: Wie viele Geschenke hatte der Nikolaus am Anfang in seinem Sack?
R: 32 $\xrightarrow{-4}$ 28 $\xleftarrow{+4}$
A: Am Anfang hatte der Nikolaus 32 Geschenke in seinem Sack.

(Seite 50)

1 🥗 6 € 70 ct   🍾 2 € 30 ct

a) Frau Kuhn bestellt einen Salat und einen Orangensaft.
F: Wie viel kostet das zusammen?

R: | 6 | € | 7 | 0 | c | t | + | 2 | € | 3 | 0 | c | t |
= | 9 | € |

A: _Es kostet 9 € zusammen._

b) Frau Kuhn bezahlt mit einem 20-€-Schein. 💶 **20**
F: Wie viel Geld bekommt sie zurück?

R: | 2 | 0 | € | - | 9 | € | = | 1 | 1 | € |

A: _Sie bekommt 11 € zurück._

2 Paulas Mutter hat 8 Paar 🧦 Socken gewaschen.
F: Wie viele einzelne Socken muss sie aufhängen?
Fertige eine Skizze an.

R: 👟👟👟👟👟👟👟👟
1 Paar
| 8 | · | 2 | = | 1 | 6 |

A: _Sie muss 16 einzelne Socken aufhängen._

3 Erkan muss 95 Schritte zur Schule laufen, Rana 12 Schritte weniger.
F: Wie viele Schritte muss Rana laufen?

R: | 9 | 5 | - | 1 | 2 | = | 8 | 3 |

A: _Rana muss 83 Schritte laufen._

(Seite 51)

1 a) Monas Mutter kauft für den Geburtstag 4 Packungen mit Luftballons. In jeder Packung sind 10 Luftballons.
F: Wie viele Luftballons sind es insgesamt?

R: | 4 | · | 1 | 0 | = | 4 | 0 |

A: _Es sind insgesamt 40 Luftballons._

b) Beim Geburtstag werden die Luftballons auf die 5 Kinder aufgeteilt.
F: Wie viele Luftballons bekommt jedes Kind?
Beim Aufteilen rechnet man geteilt.

R: | 4 | 0 | : | 5 | = | 8 |

A: _Jedes Kind bekommt 8 Luftballons._

2 Sophia hat 20 €. Sie möchte sich 6 Stifte kaufen.
je Stift 3 €
F: Reicht das Geld?

R: | 6 | · | 3 | € | = | 1 | 8 | € |
| 1 | 8 | € | < | 2 | 0 | € |

A: _Ja, das Geld reicht._

3 Brunos Mutter ist 39 Jahre alt, Bruno ist 30 Jahre jünger als seine Mutter. Sein Opa ist 61 Jahre älter als Bruno.
F: Wie alt ist Bruno, wie alt sein Opa?

R: | Bruno: | 3 | 9 | - | 3 | 0 | = | 9 |
| Opa: | 9 | + | 6 | 1 | = | 7 | 0 |

A: Bruno ist __9__ Jahre alt, Brunos Opa ist __70__ Jahre alt.

(Seite 52)

1 a) Eine Kuh hat 4 Beine. 🐄
F: Wie viele Beine haben 8 Kühe insgesamt?

R: | 8 | · | 4 | = | 3 | 2 |

A: _8 Kühe haben insgesamt 32 Beine._

b) Ein Huhn hat __2__ Beine. 🐔
F: Wie viele Beine haben 8 Hühner insgesamt?

R: | 8 | · | 2 | = | 1 | 6 |

A: _8 Hühner haben insgesamt 16 Beine._

c) Fabian zählt auf einer Schafweide insgesamt 12 Beine. 🐑
F: Wie viele Schafe sind auf der Weide?

R: | | : | 4 | |
| 1 | 2 | → | 3 |
| | : | 4 | |
Es gibt zwei Rechenwege.

A: _Es sind 3 Schafe auf der Weide._

2 Jan braucht 17 Minuten für den Weg zur Schule.
F: Wie lange braucht er für den Hin- und Rückweg zusammen?

R: | 1 | 7 | min | + | 1 | 7 | min | = | 3 | 4 | min |

A: _Für den Hin- und Rückweg zusammen braucht er 34 min._

3 Frau Krause putzt 7 Paar Schuhe.
F: Wie viele einzelne Schuhe sind das?

R: | 7 | · | 2 | = | 1 | 4 |

A: _Das sind 14 einzelne Schuhe._

(Seite 53)

1 a) Hannes geht um 15 Uhr zum Fußballtraining. Er kommt um 17 Uhr wieder nach Hause.
F: Wie lange war er unterwegs?

R: | 1 | 5 | Uhr | + 2 Stunden | 1 | 7 | Uhr |

A: _Er war 2 Stunden unterwegs._

b) Für den Hin- und Rückweg zum Fußballplatz brauchte er jeweils eine halbe Stunde.
F: Wie lange brauchte er für den Hin- und Rückweg zusammen?
1 h = 60 min halbe Stunde = 30 min

R: | 3 | 0 | min | + | 3 | 0 | min | = | 6 | 0 | min |
| 6 | 0 | min | = | 1 | h |

A: _Er brauchte 1 Stunde für den Hin- und Rückweg zusammen._

c) F: Wie lange konnte Hannes Fußball spielen?

R: | 2 | h | - | 1 | h | = | 1 | h |

A: _Hannes konnte 1 Stunde Fußball spielen._

2 Erik sammelt Comic-Hefte. Er hat 36 Stück. Sein Opa schenkt ihm noch 25 alte Hefte.

F: _Wie viele Comic-Hefte hat Erik dann zusammen?_

R: | 3 | 6 | + | 2 | 5 | = | 6 | 1 |

A: _Erik hat dann 61 Comic-Hefte zusammen._

3 Die Lehrerin kauft Arbeitshefte. Sie bezahlt 15 €.
_3 €_
F: Wie viele Hefte hat sie gekauft?

R: | 1 | 5 | € | : | 3 | € | = | 5 |

A: _Sie hat 5 Hefte gekauft._

Page 54

1 Solea spart jede Woche 2 €.
a) F: Wie viel Euro hat sie in einem Monat gespart?

Ein Monat hat 4 Wochen.

R: $4 \cdot 2 € = 8 €$

A: *In einem Monat hat sie 8 € gespart.*

b) F: Wie viel Euro hat sie nach 3 Monaten gespart?

R: $3 \cdot 8 € = 24 €$

A: *Nach 3 Monaten hat sie 24 € gespart.*

2 Helena muss zum Arzt. Sie hat einen Termin um 10 Uhr. Für den Hinweg braucht sie 30 Minuten.
F: Wann muss sie von zu Hause losgehen?

R: 9.30 Uhr + 30 min → 10.00 Uhr − 30 min

A: *Sie muss um 9.30 Uhr von zu Hause losgehen.*

3 Samuels Oma kauft Pflaumen. Jede Schale kostet 4 €. An der Kasse bezahlt sie 16 €.
F: Wie viele Schalen hat sie gekauft?

R: $16 € : 4 € = 4$

A: *Sie hat 4 Schalen gekauft.*

54 ☺ ☺ ☹

Page 55

1 Frau Schmitt kauft mehrere Gläser Marmelade. Sie bezahlt 21 €.

je Glas 3 €

F: Wie viele Gläser hat sie gekauft?

R: $21 € : 3 € = 7$

Schreibe eine Geteiltaufgabe.

A: *Sie hat 7 Gläser gekauft.*

2 Anika hat um 12.30 Uhr Schule aus. Für den Heimweg braucht sie eine halbe Stunde.
F: Wann kommt sie zu Hause an?

R: 12.30 Uhr + 30 min → 13.00 Uhr

A: *Sie kommt um 13 Uhr zu Hause an.*

3 Opa hat 5 Enkelkinder. Er gibt jedem davon 2 € Taschengeld in der Woche.
a) F: Wie viel Euro braucht er wöchentlich für alle Kinder zusammen?

Wöchentlich bedeutet: In jeder Woche.

R: $5 \cdot 2 € = 10 €$

A: *Wöchentlich braucht er 10 € für alle Kinder zusammen.*

b) F: Wie viel Euro braucht er in einem Monat für die Enkelkinder?

R: $4 \cdot 10 € = 40 €$

A: *In einem Monat braucht er 40 € für die Enkelkinder.*

☺ ☺ ☹ 55

Page 56

1

10 cm

a) Neslihan legt 5 Bauklötze mit je 10 cm Länge nebeneinander.
F: Wie lang ist die Bauklotzreihe?

R: $5 \cdot 10 \text{ cm} = 50 \text{ cm}$

A: *Die Bauklotzreihe ist 50 cm lang.*

Es gibt zwei Rechenwege.

b) Neslihan hätte gern eine Länge von insgesamt 100 cm.
F: Wie viele Bauklötze braucht sie dafür?

R: $100 \text{ cm} : 10 \text{ cm} = 10$ oder: $10 \cdot 10 \text{ cm} = 100 \text{ cm}$

A: *Sie braucht 10 Bauklötze dafür.*

2 Herr Schulte schaut auf die Uhr. In einer Viertelstunde ist es 12 Uhr.

eine Viertelstunde = 15 min

F: Wie viel Uhr ist es jetzt?

R: 11.45 Uhr + 15 min ← 12 Uhr − 15 min

A: *Es ist jetzt 11.45 Uhr.*

3 Der Bus fährt um 8.30 Uhr. Sascha ist eine Viertelstunde zu früh an der Haltestelle.
F: Um wie viel Uhr ist Sascha an der Haltestelle?

R: 8.15 Uhr + 15 min ← 8.30 Uhr − 15 min

A: *Sascha ist um 8.15 Uhr an der Haltestelle.*

56 ☺ ☺ ☹

Page 57

1 Emma muss 4 € 80 ct an der Kasse bezahlen. Sie bezahlt mit einem 10-€-Schein.

F: *Wie viel Geld bekommt Emma zurück?*

R: 4 € 80 ct + 20 ct → 5 € + 5 € → 10 €

A: *Emma bekommt 5 € 20 ct zurück.*

2 Jakob verteilt seine 40 Sticker an 8 Freunde.

Achtung, Signalwort! Beim Verteilen rechnet man geteilt.

F: Wie viele Sticker bekommt jeder Freund?

R: $40 : 8 = 5$

A: *Jeder Freund bekommt 5 Sticker.*

3 a) In der Schulbücherei gibt es 10 Regale. In jedem Regal stehen 9 Bücher.
F: Wie viele Bücher stehen insgesamt in den Regalen?

R: $10 \cdot 9 = 90$

A: *Es stehen insgesamt 90 Bücher in den Regalen.*

b) Nun werden 19 Bücher ausgeliehen.
F: Wie viele Bücher stehen dann insgesamt noch in den Regalen?

R: $90 - 19 = 71$

A: *Es stehen dann insgesamt noch 71 Bücher in den Regalen.*

☺ ☺ ☹ 57

1 Die Verkäuferin bindet jeweils 7 Rosen zu einem Strauß.
F: Wie viele Rosen braucht sie für 6 Sträuße?

R: 6 · 7 = 42

A: *Für 6 Sträuße braucht sie 42 Rosen.*

2 Die Gärtnerei bietet Blumentöpfe für 8 € an. Frau Meinzer bezahlt 64 € für solche Blumentöpfe.
F: Wie viele Töpfe hat sie gekauft?

R: 64 € : 8 € = 8

A: *Sie hat 8 Blumentöpfe gekauft.*

3 Felix hatte in seiner Spardose 67 €. Er kauft sich ein Spiel. Nun sind noch 49 € in der Spardose.
F: Wie viel Euro hat er für das Spiel ausgegeben?

> Erinnerst du dich? Den Unterschied berechnest du mithilfe einer Minusaufgabe oder durch Ergänzen.

R: 67 € − 49 € = 18 €
oder:
49 € + 18 € = 67 €

A: *Er hat 18 € für das Spiel ausgegeben.*

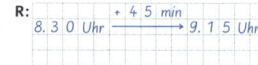

4 Eine Schulstunde dauert 45 Minuten.
F: Wann ist die Schulstunde zu Ende, wenn sie um 8.30 Uhr beginnt?

R: 8.30 Uhr —+ 45 min→ 9.15 Uhr

A: *Die Schulstunde ist um 9.15 Uhr zu Ende.*

58 ☺ ☺ ☹

---

1 |← 15 cm →|

Kathrins Lineal ist 15 cm lang. Sie will wissen, wie lang ihr Schreibtisch ist. Das Lineal passt genau 4-mal aneinandergelegt auf den Schreibtisch.
F: Wie lang ist ihr Schreibtisch?

R: 4 · 15 cm = 4 · 10 cm + 4 · 5 cm = 40 cm + 20 cm = 60 cm
oder:
15 cm + 15 cm + 15 cm + 15 cm = 60 cm

A: *Ihr Schreibtisch ist 60 cm lang.*

2 Jannik geht ins Kino. Der Film beginnt um 15.30 Uhr und ist um 17 Uhr zu Ende.
F: Wie lange dauerte der Film?

R: 15.30 Uhr —+ 30 min→ 16.00 Uhr —+ 1 h→ 17.00 Uhr

A: *Der Film dauerte 1 Stunde 30 Minuten.*

3 **Zahlenrätsel:** Wenn ich meine Zahl mit 9 malnehme, erhalte ich 36.
F: Wie heißt meine Zahl?

R: 4 —· 9→ 36
      ←: 9—

> Aus mal wird rückwärts geteilt.

A: *Meine Zahl heißt 4.*

☺ ☺ ☹ 59

36

> Mich darfst du anmalen!

1 **F:** *Wie viel Geld hat die Klasse 2a mehr*
eingenommen als die Klasse 2b?

R: *67 € 50 ct – 59 € = 8 € 50 ct*

   oder:

   59 € + 8 € 50 ct = 67 € 50 ct

A: *Die Klasse 2a hat 8 € 50 ct mehr*
eingenommen als die Klasse 2b.

2 **a)** **F:** *Wie heißt meine Zahl?*

   R: $14 \xrightarrow[\cdot 2]{: 2} 7$

   A: *Meine Zahl heißt 14.*

b) **F:** *Wie heißt meine Zahl?*

   R: $4 \xrightarrow[: 3]{\cdot 3} 12$

   A: *Meine Zahl heißt 4.*

3 **a)** **R:** *15 min : 3 min = 5*

   A: *In 15 Minuten werden mit einem*
   Waffeleisen 5 Waffeln gebacken.

b) **R:** *30 min : 3 min = 10*

   oder: 2 · 5 = 10

   A: *In einer halben Stunde werden mit einem*
   Waffeleisen 10 Waffeln gebacken.

c) **R:** *60 min : 3 min = 20*

   oder: 2 · 10 = 20

   A: *In einer Stunde werden mit einem*
   Waffeleisen 20 Waffeln gebacken.

d) **R:** *2 · 20 = 40*

   A: *In einer Stunde können damit*
   40 Waffeln gebacken werden.

4 **F:** *Wie lange dauert die Wartezeit?*

   R: *11.15 Uhr $\xrightarrow{+ 45 \ min}$ 12.00 Uhr*

   A: *Die Wartezeit dauert 45 Minuten.*

1 **F:** Wer hat gewonnen?

R: Marc: Jamil:

$3 \cdot 5 = 15$ $2 \cdot 6 = 12$

$2 \cdot 4 = 8$ $2 \cdot 2 = 4$

$15 + 8 = 23$ $12 + 4 + 5 = 21$

A: Marc hat gewonnen.

2 **F:** Wer brauchte länger?

R: Anja:

eine Viertelstunde = 15 min

15 min + 15 min = 30 min

Taro: 30 min

A: Beide brauchten gleich lang.

3 **F:** Wie viele Stunden und Minuten hat sie geschlafen?

R: 20 Uhr $\xrightarrow{+\,10\,h}$ 6 Uhr $\xrightarrow{+\,30\,min}$ 6.30 Uhr

A: Sie hat 10 Stunden 30 Minuten geschlafen.

4 **a) F:** Wie viel Euro kosten die 6 Flaschen?

R: $6 \cdot 3 \,€ = 18 \,€$

A: Die 6 Flaschen kosten 18 €.

b) F: Wie viel Euro bekommt Herr Merk zurück?

R: $50 \,€ - 18 \,€ = 32 \,€$

A: Herr Merk bekommt 32 € zurück.

5 **F:** Wie heißt meine Zahl?

R: $35 \underset{\cdot\,5}{\overset{:\,5}{\rightleftarrows}} 7$

A: Meine Zahl heißt 35.

Aufgabensammlung Seite 61

1 **a) F:** Wie viel Euro kosten die Kekse zusammen?
   R: 4 · 6 € = 24 €
   A: Die Kekse kosten zusammen 24 €.
   b) F: Wie viel Euro bekommt die Lehrerin zurück?
   R: 100 € – 24 € = 76 €
   A: Die Lehrerin bekommt 76 € zurück.

2 **F:** Wann muss sie mit den Hausaufgaben anfangen?
   R: 14.15 Uhr $\xrightarrow[- 45\ min]{+ 45\ min}$ 15 Uhr
   A: Sie muss um 14.15 Uhr mit den Hausaufgaben anfangen.

3 **F:** Wie viele Gummibärchen bekommt jedes Kind?
   R: 40 : 8 = 5
   A: Jedes Kind bekommt 5 Gummibärchen.

4 **a) F:** Wie viel kostet die Hin- und Rückfahrt zusammen?
   R: 1 € 40 ct + 1 € 40 ct = 2 € 80 ct
   A: Die Hin- und Rückfahrt kostet zusammen 2 € 80 ct.
   b) F: Wie viel hat Cajas Mutter insgesamt für den Ausflug in die Stadt ausgegeben?
   R: 32 € + 2 € 80 ct = 34 € 80 ct
   A: Cajas Mutter hat für den Ausflug in die Stadt insgesamt 34 € 80 ct ausgegeben.

5 **a) F:** Wie heißt meine Zahl?
   R: 29 $\xrightarrow[- 40]{+ 40}$ 69
   A: Meine Zahl heißt 29.
   b) F: Wie heißt meine Zahl?
   R: 73 $\xrightarrow[+ 23]{- 23}$ 50
   A: Meine Zahl heißt 73.

1 a) F: Wie hoch ist die Rechnung?
R: Kinder: 2 · 2 € = 4 €
Eltern: 2 € 30 ct + 2 € 30 ct = 4 € 60 ct
zusammen: 4 € + 4 € 60 ct = 8 € 60 ct
A: Die Rechnung ist 8 € 60 ct.
b) F: Wie viel Geld bekommt er zurück?
R: 10 € − 8 € 60 ct = 1 € 40 ct
A: Er bekommt 1 € 40 ct zurück.

2 F: Wann ist der Film aus?
R: 15.30 Uhr $\xrightarrow{+1h}$ 16.30 Uhr $\xrightarrow{+30\,min}$ 17 Uhr
A: Der Film ist um 17 Uhr aus.

3 F: Wie heißt meine Zahl?
R: $\boxed{70}$ $\underset{·10}{\overset{:10}{\rightleftarrows}}$ 7 $\underset{-8}{\overset{+8}{\rightleftarrows}}$ 15
A: Meine Zahl heißt 70.

4 a) F: Wie viel muss Ulgur jetzt noch bezahlen?
R: 57 € − 13 € = 44 €
A: Ulgur muss jetzt noch 44 € bezahlen.
b) F: Wie viel Geld bekommt er zurück?
R: 50 € − 44 € = 6 €
A: Er bekommt 6 € zurück.

5 F: Wie viel Euro bekommt Agnes von ihrer Mutter?
R: 7 · 2 € = 14 €
73 € − 14 € = 59 €
A: Agnes bekommt 59 € von ihrer Mutter.

Aufgabensammlung Seite 63

1 Jana und Tom fahren mit der Achterbahn. <u>Pro Person</u> kostet eine Fahrt 7 €.

F: Wie viel Euro bezahlen sie insgesamt?

R:

A: Sie bezahlen insgesamt _____ Euro.

> *Pro Person* bedeutet: Für jede Person muss man 7 € bezahlen.

3 Herr Weber kauft einen Kasten mit 16 Saftflaschen. Nach einer Woche ist <u>die Hälfte</u> der Flaschen leergetrunken.

F: Wie viele Flaschen sind schon leergetrunken?

> *Die Hälfte* bedeutet: Du musst halbieren.

R:

A: Es sind schon _____ Flaschen leergetrunken.

2 Es ist 12 Uhr. Vor 6 Stunden ist Frau Schulz aufgestanden.

F: Um wie viel Uhr ist Frau Schulz aufgestanden? Zeichne ein Pfeilbild wie auf S. 23.

R:

A: Frau Schulz ist um _____ Uhr aufgestanden.

4 In 4 Stunden hat Resul Flötenunterricht. Jetzt ist es 11 Uhr.

F: Um wie viel Uhr hat Resul Flötenunterricht?

R:

A: Resul hat um _____ Uhr Flötenunterricht.

☺ 😐 ☹ 41

1 Familie Escher macht eine Wanderung mit Picknick. Sie gehen um 9 Uhr von zu Hause los. Um 16 Uhr sind sie wieder zu Hause.
F: Wie viele Stunden war die Familie unterwegs?

R:

		+		Stunden					
9	Uhr	→			1	6	Uhr		

A: Die Familie war ____ Stunden unterwegs.

Ein Pfeilbild kann dir helfen.

2 In der Kindergartengruppe sind 7 Jungen und 5 Mädchen.
F: Wie viele Kinder sind das insgesamt?

R:

A: Das sind insgesamt ____ Kinder.

3 Rico kauft einen neuen Malkasten. Er bezahlt mit einem 20-€-Schein.
13 €
F: Wie viel Euro bekommt er zurück?

R:

A: Er bekommt ____ Euro zurück.

4 Tine bastelt für sich und ihre 3 Freundinnen Schlüsselanhänger.
F: Wie viele Perlen braucht sie insgesamt?

R:

A: Sie braucht ____ Perlen.

42 ☺ 😐 ☹

1 Frau Schuler kauft für ihre Tochter eine Mütze und einen Schal. Sie hat zwei 10-€-Scheine dabei.

6 €

8 €

a) F: Wie viel Euro muss sie insgesamt bezahlen?

R:

A: Sie muss insgesamt _____ Euro bezahlen.

b) F: Wie viel Euro bekommt Frau Schuler zurück?

R:

A: Frau Schuler bekommt _____ Euro zurück.

2 In der Klasse 2b sind 29 Kinder. Die Lehrerin sammelt Hefte ein. 2 Kinder haben ihr Heft vergessen.
F: Wie viele Hefte sammelt sie ein?

R:

A: Sie sammelt _____ Hefte ein.

3 Emirhans Mutter hat 30 Wäscheklammern. Sie braucht 20 davon zum Aufhängen der Wäsche.
F: Wie viele Klammern hat sie noch übrig?

R:

A: Sie hat noch _____ Klammern übrig.

☺ ☺ ☹ 43

1 Heute ist Freitag. In 7 Tagen ist das Sommerfest an der Schule.

7 Tage sind eine Woche.

F: Welcher Wochentag ist das?

R:

A: Das ist ein _____ .

2 Tarik und Sonja sammeln Briefmarken. Tarik hat 7 Briefmarken. Sonja hat <u>doppelt</u> so viele.

F: Wie viele Marken hat Sonja?

R:

Doppelt bedeutet: Noch einmal so viel.

A: Sonja hat _____ Marken.

3 Elias hat 10 Euro. Er will für sich und seine beiden Freunde jeweils einen Eisbecher kaufen.

F: Reicht sein Geld?

Eisbecher je 4 €

R:

A: Sein Geld _____ .

4 In Annes Stiftebox passen 12 Stifte. 7 Stifte sind schon in der Box.

F: Wie viele Stifte passen noch in die Box?

R: $7 + \boxed{} = 12$

A: Es passen noch _____ Stifte in die Box.

44 ☺ 😐 ☹

1 Luca sammelt Fußballbilder.
In sein Album passen 40 Bilder.
Er hat schon 32 Bilder.
F: Wie viele Bilder fehlen ihm noch?

R:

A: Ihm fehlen noch _____ Bilder.

2 Herr Bauer ist 50 Jahre alt.
Seine Frau ist 10 Jahre jünger.
F: Wie alt ist Frau Bauer?

R:

A: Frau Bauer ist _____ Jahre alt.

3 Frau Lustig spendiert ihren 4 Kindern den Eintritt in den Zirkus.
F: Wie viel Euro muss sie für die Kinder bezahlen?

R:

	+		+		+		=	
4	·		=					

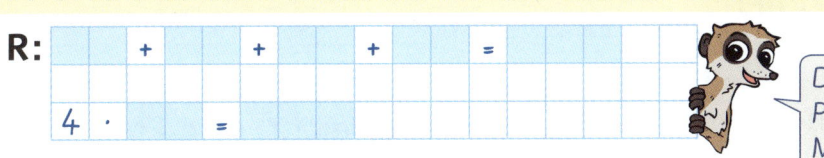

Du kannst eine Plusaufgabe oder eine Malaufgabe rechnen.

Zirkus

Eintritt
Kinder 5 €

A: Sie muss _____ Euro für die Kinder bezahlen.

4 **Zahlenrätsel:** Wenn ich zu meiner Zahl 5 dazuzähle, erhalte ich 20.
F: Wie heißt meine Zahl?

R:

+ 5
2 0
− 5

A: Meine Zahl heißt _____ .

5 **Zahlenrätsel:** Wenn ich von meiner Zahl 2 wegnehme, erhalte ich 11.
F: Wie heißt meine Zahl?

R:

A: Meine Zahl heißt _____ .

1 In einer Tüte sind 3 Äpfel.

a) Luisas Mutter kauft 3 Tüten.
F: Wie viele Äpfel sind das?

R: | | + | | + | | = | |

oder: | | | | | |

| | · | | = | |

A: Das sind _____ Äpfel.

Wie rechnest du? Plus oder mal?

b) Karims Mutter braucht 6 Äpfel.
F: Wie viele Tüten muss sie kaufen?

R: | | · | 3 | = | 6 |

oder:

| 6 | : | 3 | = |

A: Sie muss _____ Tüten kaufen.

c) Gabis Vater braucht für seine Kollegen 12 Äpfel.
F: Wie viele Tüten muss er kaufen?

R:

A: Er muss _____ Tüten kaufen.

2 Kevins Mutter ist 35 Jahre alt, sein Vater ist 41 Jahre alt.
F: Wie groß ist der Altersunterschied?

R: | 4 | 1 | – | 3 | 5 | = |

oder:

| 3 | 5 | + | | = | 4 | 1 |

Den Unterschied berechne ich mithilfe einer Minusaufgabe oder durch Ergänzen.

A: Der Altersunterschied beträgt _____ Jahre.

3 Abdullah hat schon 16 Punkte beim Tischtennis erreicht, sein Freund Jens hat erst 12 Punkte. Mit 21 Punkten hat man das Spiel gewonnen.
F: Wie viele Punkten fehlen jedem noch?

R: | Abdullah: | | | 1 | 6 | + | | = | 2 | 1 |

| Jens: | | 1 | 2 | + | | = | 2 | 1 |

A: Abdullah fehlen noch _____ Punkte, Jens fehlen noch _____ Punkte.

☺ ☺ ☹

1 In einem Baum sitzen 24 Vögel.
Zuerst kommen 8 Vögel dazu
geflogen. Dann fliegen
10 Vögel davon.
F: Wie viele Vögel
sitzen nun im Baum?

R:

Benutze in der Antwort die Wörter, die schon in der Frage stehen.

A: *Im Baum sitzen nun _____ Vögel.*

2 In der Klasse 2a sind 25 Kinder.
Bisher haben erst 18 Kinder
ihren Zeichenblock mit in die
Schule gebracht.
F: Wie viele Blöcke
fehlen noch?

R:

A:

3 In einem Netz sind
5 Zitronen. Emres Mutter
kauft 4 Netze.
F: Wie viele Zitronen sind das?

R:

A:

4 Bianca hat 9 Stifte.
Ihre Schwester Kerstin
hat 13 Stifte mehr.
F: Wie viele Stifte hat Kerstin?

Bei Plusaufgaben darfst du die beiden Zahlen vertauschen.

R: $9 + 13 =$
oder:
$13 + 9 =$

A:

☺ 😐 ☹ 47

1

12 € 50 ct · 2 € 50 ct

a) Nathalie kauft einen Füller und ein Lineal.

Wie heißt jeweils die Frage?

F: Wie viel Euro muss Nathalie insgesamt bezahlen?

R:

A:

b) Nathalie bezahlt mit einem 20-€-Schein.

F:

R:

A:

2 Simons Opa ist 77 Jahre alt, seine Oma ist 8 Jahre jünger.

F:

R:

A:

3 Mario hat 8 Münzen zu je 10 Cent.
F: Wie viel Cent fehlen ihm noch zu einem Euro?

R:

A:

☺ ☐ ☹

1 Flora nimmt 20 Knöpfe aus der Knopfschachtel. Nun sind noch 40 Knöpfe in der Schachtel.
F: Wie viele Knöpfe waren vorher in der Schachtel?

Ein Pfeilbild hilft dir.

R:

	- 2 0			
	→ 4 0			
	←			
+ 2 0				

A: _____

2 Tuanas Vater hat 19 Schrauben in seinem Werkzeugkasten. Er nimmt welche heraus. Jetzt sind nur noch 11 Schrauben im Werkzeugkasten.

F: _____

R:

A: _____

3 Der Nikolaus gibt den Kindern 4 Geschenke. Danach hat er noch 28 Geschenke in seinem Sack.
F: Wie viele Geschenke hatte der Nikolaus am Anfang in seinem Sack?

R:

A: _____

1

6 € 70 ct   2 € 30 ct

a) Frau Kuhn bestellt einen Salat
und einen Orangensaft.
F: Wie viel kostet das zusammen?

R:

A: _____

b) Frau Kuhn bezahlt mit
einem 20-€-Schein.
F: Wie viel Geld bekommt sie zurück?

R:

A: _____

2 Paulas Mutter hat 8 Paar
Socken gewaschen.
F: Wie viele einzelne Socken
muss sie aufhängen?

Fertige eine Skizze an.

R:

1 Paar

A: _____

3 Erkan muss 95 Schritte
zur Schule laufen, Rana
12 Schritte weniger.
F: Wie viele Schritte
muss Rana laufen?

R:

A: _____

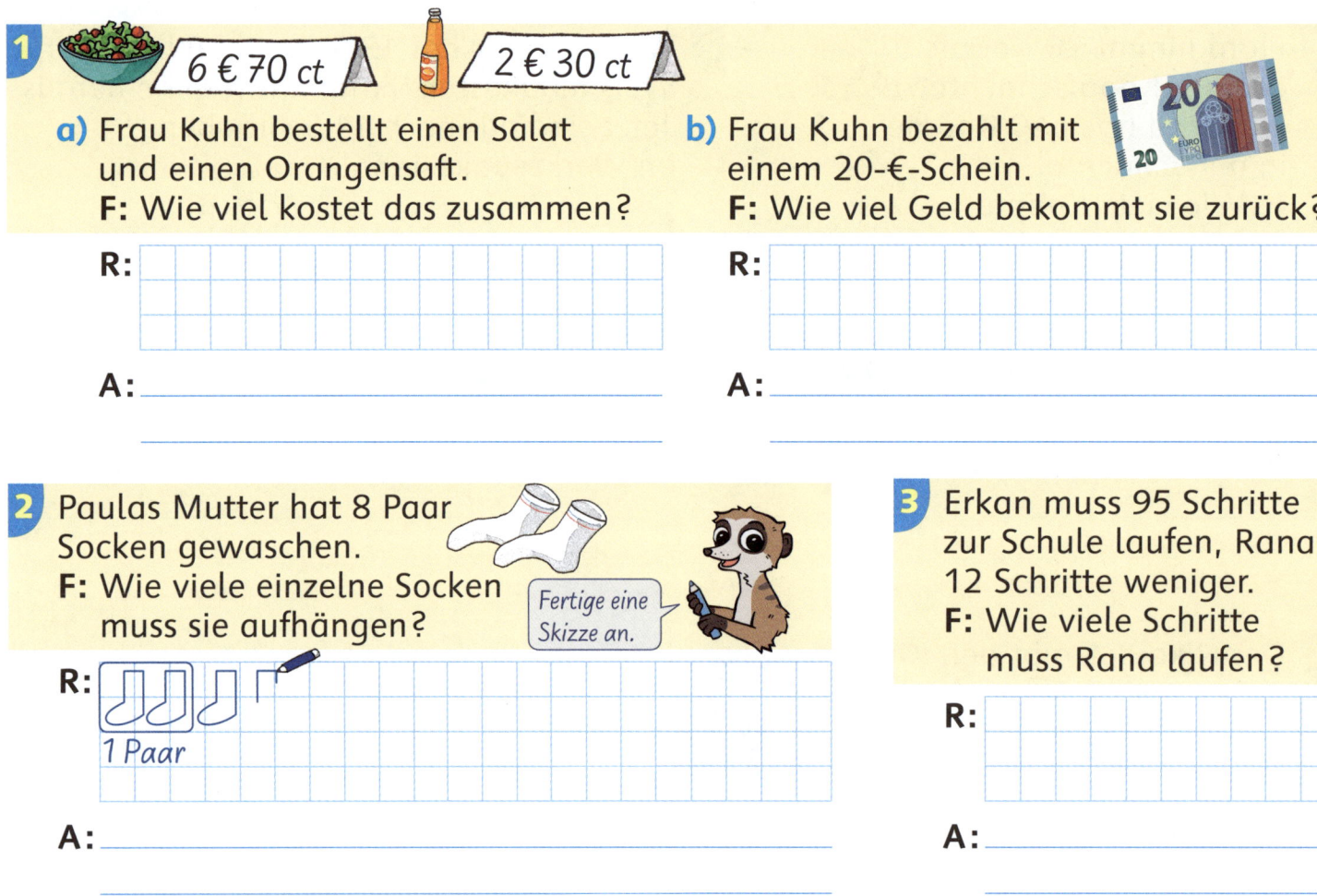

1 a) Monas Mutter kauft für den Geburtstag 4 Packungen mit Luftballons. In jeder Packung sind 10 Luftballons.
F: Wie viele Luftballons sind es insgesamt?

R:

A: _____

b) Beim Geburtstag werden die Luftballons auf die 5 Kinder aufgeteilt.
F: Wie viele Luftballons bekommt jedes Kind?

> Beim Aufteilen rechnet man geteilt.

R:

A: _____

2 Sophia hat 20 €. Sie möchte sich 6 Stifte kaufen.
F: Reicht das Geld?

je Stift 3 €

R:

A: _____

3 Brunos Mutter ist 39 Jahre alt, Bruno ist 30 Jahre jünger als seine Mutter. Sein Opa ist 61 Jahre älter als Bruno.
F: Wie alt ist Bruno, wie alt sein Opa?

R:

A: Bruno ist _____ Jahre alt, Brunos Opa ist _____ Jahre alt.

☺ 😐 ☹ 51

1 **a)** Eine Kuh hat 4 Beine.
F: Wie viele Beine haben 8 Kühe insgesamt?

R:

A:

b) Ein Huhn hat ____ Beine.
F: Wie viele Beine haben 8 Hühner insgesamt?

R:

A:

c) Fabian zählt auf einer Schafweide insgesamt 12 Beine.
F: Wie viele Schafe sind auf der Weide?

R:

		:	4	
1	2			
		·	4	

Es gibt zwei Rechenwege.

A:

2 Jan braucht 17 Minuten für den Weg zur Schule.
F: Wie lange braucht er für den Hin- und Rückweg zusammen?

R:

A:

3 Frau Krause putzt 7 Paar Schuhe.
F: Wie viele einzelne Schuhe sind das?

R:

A:

☺ 😐 ☹

1 a) Hannes geht um 15 Uhr zum Fußballtraining. Er kommt um 17 Uhr wieder nach Hause.
F: Wie lange war er unterwegs?

b) Für den Hin- und Rückweg zum Fußballplatz brauchte er jeweils eine halbe Stunde.
F: Wie lange brauchte er für den Hin- und Rückweg zusammen?

> 1 h = 60 min
> halbe Stunde = 30 min

R:

			+	Stunden				
1	5	Uhr		→	1	7	Uhr	

A: _____

R:

A: _____

c) F: Wie lange konnte Hannes Fußball spielen?   **R:**

A: _____

2 Erik sammelt Comic-Hefte. Er hat 36 Stück. Sein Opa schenkt ihm noch 25 alte Hefte.

F: _____

R:

A: _____

3 Die Lehrerin kauft Arbeitshefte. Sie bezahlt 15 €.
F: Wie viele Hefte hat sie gekauft?

3 €

R:

A: _____

1 Solea spart jede Woche 2 €.

Ein Monat hat 4 Wochen.

a) **F:** Wie viel Euro hat sie in einem Monat gespart?

R:

A: _____

b) **F:** Wie viel Euro hat sie nach 3 Monaten gespart?

R:

A: _____

2 Helena muss zum Arzt. Sie hat einen Termin um 10 Uhr. Für den Hinweg braucht sie 30 Minuten.
F: Wann muss sie von zu Hause losgehen?

R:

+ 3 0 min

___ Uhr ← 1 0 . 0 0 Uhr

A: _____

3 Samuels Oma kauft Pflaumen. Jede Schale kostet 4 €. An der Kasse bezahlt sie 16 €.
F: Wie viele Schalen hat sie gekauft?

R:

A: _____

☺ 😐 ☹

1 Frau Schmitt kauft mehrere Gläser Marmelade. Sie bezahlt 21 €.

je Glas 3 €

F: Wie viele Gläser hat sie gekauft?

R:

A: _____

_____

Schreibe eine Geteiltaufgabe.

2 Anika hat um 12.30 Uhr Schule aus. Für den Heimweg braucht sie eine halbe Stunde.

F: Wann kommt sie zu Hause an?

R:

+ min
Uhr ⟶ Uhr

A: _____

3 Opa hat 5 Enkelkinder. Er gibt jedem davon 2 € Taschengeld in der Woche.

a) F: Wie viel Euro braucht er wöchentlich für alle Kinder zusammen?

Wöchentlich bedeutet: In jeder Woche.

R:

A: _____

_____

b) F: Wie viel Euro braucht er in einem Monat für die Enkelkinder?

R:

A: _____

_____

☺ ☐ ☹ 55

1

10 cm

Es gibt zwei Rechenwege.

a) Neslihan legt 5 Bauklötze mit je 10 cm Länge nebeneinander.
F: Wie lang ist die Bauklotzreihe?

R:

A: _____

b) Neslihan hätte gern eine Länge von insgesamt 100 cm.
F: Wie viele Bauklötze braucht sie dafür?

R:

A: _____

2 Herr Schulte schaut auf die Uhr. In einer Viertel-stunde ist es 12 Uhr.

eine Viertelstunde = 15 min

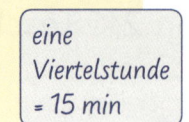

F: _____

R:

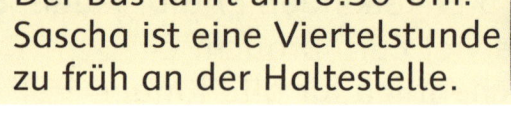

+ ___ min
Uhr ⟵⟶ 1 2 Uhr
− ___ min

A: _____

3 Der Bus fährt um 8.30 Uhr. Sascha ist eine Viertelstunde zu früh an der Haltestelle.

F: _____

R:

A: _____

1 Emma muss 4 € 80 ct an der Kasse bezahlen. Sie bezahlt mit einem 10-€-Schein.

F: _____

_____

R:

		+		ct		+	€	
4	€	8	0	ct ⟶	5	€ ⟶	1 0	€

A: _____

_____

2 Jakob <u>verteilt</u> seine 40 Sticker an 8 Freunde.

F: Wie viele Sticker bekommt jeder Freund?

> Achtung, Signalwort! Beim Verteilen rechnet man geteilt.

R:

A: _____

_____

3 **a)** In der Schulbücherei gibt es 10 Regale. In jedem Regal stehen 9 Bücher.
F: Wie viele Bücher stehen insgesamt in den Regalen?

R:

A: _____

_____

b) Nun werden 19 Bücher ausgeliehen.
F: Wie viele Bücher stehen dann insgesamt noch in den Regalen?

R:

A: _____

_____

1 Die Verkäuferin bindet jeweils 7 Rosen zu einem Strauß.
F: Wie viele Rosen braucht sie für 6 Sträuße?

R:

A: _____

2 Die Gärtnerei bietet Blumentöpfe für 8 € an. Frau Meinzer bezahlt 64 € für solche Blumentöpfe.
F: Wie viele Töpfe hat sie gekauft?

R:

A: _____

3 Felix hatte in seiner Spardose 67 €. Er kauft sich ein Spiel. Nun sind noch 49 € in der Spardose.
F: Wie viel Euro hat er für das Spiel ausgegeben?

R:

A: _____

> Erinnerst du dich? Den Unterschied berechnest du mithilfe einer Minusaufgabe oder durch Ergänzen.

4 Eine Schulstunde dauert 45 Minuten.
F: Wann ist die Schulstunde zu Ende, wenn sie um 8.30 Uhr beginnt?

R:

A: _____

☺ ☺ ☹

1

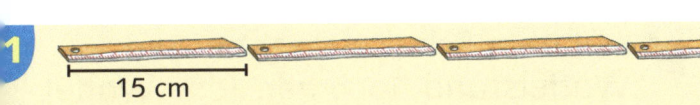

15 cm

Kathrins Lineal ist 15 cm lang. Sie will wissen, wie lang ihr Schreibtisch ist.
Das Lineal passt genau 4-mal aneinandergelegt auf den Schreibtisch.
F: Wie lang ist ihr Schreibtisch?

R:

A: _____

2 Jannik geht ins Kino. Der Film beginnt um 15.30 Uhr und ist um 17 Uhr zu Ende.
F: Wie lange dauerte der Film?

R:

| | + | min | | + | h | |
| 1 5. 3 0 Uhr | ⟶ | | 1 6. 0 0 Uhr | ⟶ | | 1 7. 0 0 Uhr |

A: _____

3 **Zahlenrätsel:** Wenn ich meine Zahl mit 9 malnehme, erhalte ich 36.
F: Wie heißt meine Zahl?

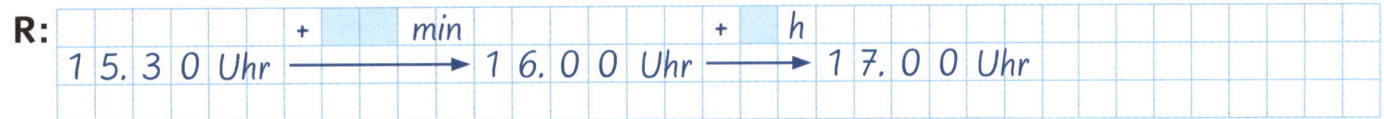

R:

| | · 9 | |
| ⟵ | | 3 6 |

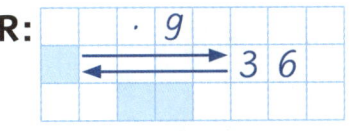

Aus mal wird rückwärts geteilt.

A: _____

Löse die Aufgaben auf einem Extrablatt. Schreibe immer Frage, Rechnung und Antwort.

1 Die beiden 2. Klassen vergleichen ihre Einnahmen beim Schulfest. Die Klasse 2a hat 67 € 50 ct eingenommen und die Klasse 2b hat 59 € eingenommen.
F: Wie viel Geld hat die Klasse 2a mehr eingenommen als die Klasse 2b?

2 **Zahlenrätsel:**
a) Wenn ich meine Zahl durch 2 teile, erhalte ich das Ergebnis 7.
b) Wenn ich meine Zahl mit 3 malnehme, erhalte ich das Ergebnis 12.

Pfeilbilder helfen dir!

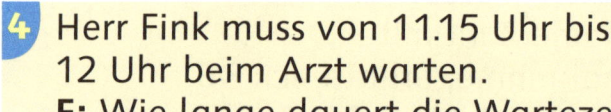

3 Auf dem Schulfest geht es am Waffelstand hoch her. Jede Waffel braucht 3 Minuten bis sie im Waffeleisen gebacken ist.
a) **F:** Wie viele Waffeln werden mit einem Waffeleisen in 15 Minuten gebacken?
b) **F:** Wie viele Waffeln werden in einer halben Stunde gebacken?
c) **F:** Wie viele Waffeln werden in einer Stunde gebacken?
d) Auf dem Schulfest gibt es am Waffelstand 2 Waffeleisen.
F: Wie viele Waffeln können damit in einer Stunde gebacken werden?

4 Herr Fink muss von 11.15 Uhr bis 12 Uhr beim Arzt warten.
F: Wie lange dauert die Wartezeit?

1 Marc und Jamil machen ein Würfelspiel. Jeder würfelt 5-mal. Dann werden die Würfelaugen zusammengezählt. Wer das höhere Ergebnis hat, gewinnt. So haben die beiden gewürfelt:

Marc:

Jamil:

F: Wer hat gewonnen?

2 Anja sagt: „Ich habe für die Hausaufgaben in Mathe und Deutsch jeweils eine Viertelstunde gebraucht." Taro sagt: „Ich habe insgesamt 30 Minuten für die Hausaufgaben gebraucht."
F: Wer brauchte länger?

3 Maya geht um 20 Uhr ins Bett und schläft bis morgens um 6.30 Uhr.
F: Wie viele Stunden und Minuten hat sie geschlafen?

4 Herr Merk kauft 6 Flaschen Limonade. Er bezahlt mit einem 50-€-Schein.

je Flasche 3 €

a) F: Wie viel Euro kosten die 6 Flaschen?
b) F: Wie viel Euro bekommt Herr Merk zurück?

5 **Zahlenrätsel:**
Wenn ich meine Zahl durch 5 teile, erhalte ich 7.
F: Wie heißt meine Zahl?

Zeichne ein Pfeilbild!

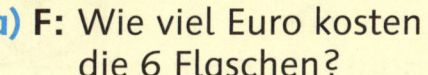

1 Für den Ausflug kauft die Lehrerin 4 Packungen Kekse zu je 6 €. Sie bezahlt mit einem 100-€-Schein.

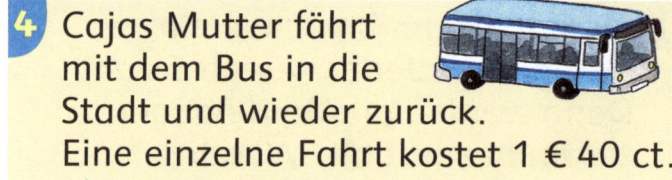

a) **F:** Wie viel Euro kosten die Kekse zusammen?

b) **F:** Wie viel Euro bekommt die Lehrerin zurück?

2 Nina möchte sich gern mit ihren Freundinnen um 15 Uhr treffen. Für die Hausaufgaben braucht sie eine Dreiviertelstunde.
F: Wann muss sie mit den Hausaufgaben anfangen?

3 Die Lehrerin verteilt 40 Gummibärchen an 8 Kinder.
F: Wie viele Gummibärchen bekommt jedes Kind?

4 Cajas Mutter fährt mit dem Bus in die Stadt und wieder zurück. Eine einzelne Fahrt kostet 1 € 40 ct.

a) **F:** Wie viel kostet die Hin- und Rückfahrt zusammen?

b) In der Stadt kauft Cajas Mutter Geschenke für 32 €.
F: Wie viel hat Cajas Mutter insgesamt für den Ausflug in die Stadt ausgegeben?

Eine Dreiviertelstunde sind 45 Minuten.

5 **Zahlenrätsel:**

a) Wenn ich zu meiner Zahl 40 dazuzähle, erhalte ich 69.

b) Wenn ich von meiner Zahl 23 abziehe, erhalte ich 50.

1 Herr und Frau Fröhlich gehen mit ihren 2 Kindern in die Eisdiele. Jedes Kind darf sich 2 Kugeln Eis aussuchen. Eine Kugel kostet 1 €. Herr und Frau Fröhlich trinken einen Kaffee für je 2 € 30 ct.
a) **F:** Wie hoch ist die Rechnung?
b) Herr Fröhlich gibt dem Verkäufer einen 10-€-Schein.
   F: Wie viel Geld bekommt er zurück?

2 Alanna geht mit ihrem Opa ins Kino. Der Film beginnt um 15.30 Uhr und dauert 1 Stunde 30 Minuten.
F: Wann ist der Film aus?

3 **Zahlenrätsel:** Wenn ich meine Zahl durch 10 teile und 8 dazuzähle, erhalte ich 15.
F: Wie heißt meine Zahl?

4 Ulgur kauft im Sportgeschäft ein. An der Kasse muss er 57 € bezahlen. Doch das ist zu viel für ihn. Deshalb legt er ein T-Shirt für 13 € wieder zurück.
a) **F:** Wie viel muss Ulgur jetzt noch bezahlen?
b) Ulgur bezahlt mit einem 50-€-Schein.
   F: Wie viel Geld bekommt er zurück?

5 Agnes will sich einen Roller für 73 € kaufen. Sie spart 7 Wochen lang je 2 €. Den Rest gibt ihre Mutter dazu.
F: Wie viel Euro bekommt Agnes von ihrer Mutter?

73 €

Wichtige Größen im Überblick

Zeit: Stunden und Minuten 1 Stunde = 60 Minuten 1 h = 60 min eine Viertelstunde = 15 min eine halbe Stunde = 30 min eine Dreiviertelstunde = 45 min	**Tag, Woche, Monat, Jahr** 1 Tag hat 24 Stunden. 1 Woche hat 7 Tage. 1 Schulwoche hat 5 Tage. 1 Monat hat 28 (29), 30 oder 31 Tage.
Geld: Euro und Cent 1 Euro = 100 Cent 1 € = 100 ct	**Längen: Meter und Zentimeter** 1 Meter = 100 Zentimeter 1 m = 100 cm

Wichtige Begriffe im Überblick

Das Doppelte bedeutet:
Rechne mal 2.

Die Hälfte bedeutet:
Rechne geteilt durch 2.

1-mal (**2-mal**, **3-mal**, …) bedeutet:
Rechne mal 1 (mal 2, mal 3, …).

Bei Zahlenrätseln oder gesuchten Zahlen helfen oft Pfeilbilder.

Rechne rückwärts!
Aus ⊕ wird ⊖. Aus ⊖ wird ⊕.

$$8 \xrightarrow{+4} 12 \quad (\xleftarrow{-4})$$

$$53 \xrightarrow{-7} 46 \quad (\xleftarrow{+7})$$

Aus ⊙ wird ⊙. Aus ⊙ wird ⊙.

$$7 \xrightarrow{\cdot 2} 14 \quad (\xleftarrow{:2})$$

$$45 \xrightarrow{:5} 9 \quad (\xleftarrow{\cdot 5})$$